運動会指導 完ペキ マニュアル

辻川 和彦 編著

JN021556

明治図書

まえがき

教師4年目，転勤して初めての体育主任

　教師4年目，私はある離島の小規模校へ転勤しました。その地で，初めての体育主任を命ぜられることになります。

　私は，戸惑いました。

　なぜなら，前任校の運動会は秋の開催でしたが，転勤したその学校では春の開催だったのです。つまり，転勤早々に，いきなり運動会の実施計画案を提案しなければなりませんでした。

　慣れない運動会を企画・運営する体育主任になった私ですが，その学校には前任の体育主任が残っていたので，教えてもらいながら進めることができました。

　私は4年目で体育主任を任されましたが，教員の大量退職時代を迎え，さらに早い年数で体育主任に抜擢されたり，前任者が転退職してしまって，いなかったりするケースもあります。そうなると，前年度の計画案があっても，細かい部分や，なぜそうするのかがわからず，スムーズに進められません。

　他のベテラン教員が教えてくれるかというと，文句を言われることはあっても，そんな面倒なことをしてくれる教員はほとんどいないのです。

地域で違う運動会

　私が戸惑った理由は，もう1つあります。その学校には，前任校にはなかった習慣や種目が数多くあったからです。

　例えば，運動会当日，運動場に万国旗が張り巡らされたのですが（それも初めてでしたが），それと一緒に何重もの鯉のぼりもかけてありました。5月の開催だからでしょうか。その地域では，家庭で不要になった鯉のぼりを学校へ寄付する習慣があったのです。

例えば，子どもたちが楽器を演奏する「鍵鼓隊」という楽隊がありました。入場行進の際には，子どもたちの先頭で演奏をしながら行進をするのです。運動会の練習と並行して，楽器の練習もしなければなりませんでした。

　例えば，小学生→中学生→高校生→20代→30代→40代と，子どもから大人へつなぐ「地域選抜対抗リレー」がありました。プログラムの一番最後に行い，もっとも盛り上がる競技でした。まさに，町内運動会です。

　このように，同じ県内でも，前任校の運動会とは違う面が多々あり，戸惑うことの連続でした。

　県外に目を向けると，準備運動の違いも見られます。私自身の小・中・高校の運動会（体育祭）の準備運動は，ラジオ体操第一でした。教師になってからも，それは同じです。ところが，都道府県によっては，運動会でラジオ体操などやったことがないという地域もあるのです。

　他の都道府県へ転勤することがないので，教師は自分の地域の運動会が全国標準だと思い込んでしまっていることがあります。準備運動以外にも，さらに多くの違いがあるのでしょう。

運動会には，教科書がない

　なぜ，こうも運動会に違いがあるのでしょうか？　それは，

> 運動会には，教科書がない

からです。

　考えてみれば，運動会は不思議です。全国，どこの学校でも行うのにもかかわらず，学習指導要領にも体育のカリキュラムにも，「運動会」はありません（「小学校学習指導要領解説　特別活動編」には，健康安全・体育的行事の一例として取り上げられていますが）。だから，地域によっても，学校によってもやり方が違います。別の言い方をすれば「自由度」が高いのです。

　そのせいか，運動会に関する書籍を探そうとしても，集団行動や表現，組

体操など，どれか１つの種目に絞った書籍はありますが，運動会全体を網羅した体育主任や学級担任のための書籍は見つかりませんでした（私の不勉強のせいで，実はあるのかもしれませんが）。

１年目の教師にもわかりやすい運動会の入門書

そこで，本書は，

学級担任として初めて運動会に取り組む１年目の教師にも，初めて体育主任を任された若手の教師にも役立つ，わかりやすい運動会の入門書

をコンセプトに企画しました。

　前述したとおり，運動会は地域性の違いが大きいのですが，できるだけ全国的に共通する部分を取り上げています。ご自分の地域に合った部分や取り入れやすい部分を活用して頂ければ幸いです。

　折しも，最近は運動会の練習中に起こった熱中症や，重大事故につながる組体操の危険性など，運動会の安全性に関する話題が盛んに取り上げられています。そのようなこともあり，第５章には「運動会の危機管理」と題して，運動会を安全に運営するための心構えや対処法について取り上げました。安全で安心な運動会にするための一助になれば幸いです。

　多大な労力と時間をかけて取り組む運動会が，少しでも実りある活動になるために，本書が役立つことを願います。

辻川　和彦

Contents

◆ 5

第3章 運動会指導をさらに円滑にするアイデア

第4章 支援を要する子への支援・配慮

第5章　運動会の危機管理

第6章　盛り上がるオススメ種目集

第 1 章

体育主任&
学級担任のための
５つのポイント

実施計画案作成のポイント

前年度の計画案をもとに，体育主任の考えを反映させる

　運動会の第一歩は，体育主任が提案する実施計画案です。まずは，これがないと始まりません。もちろん，イチからつくるわけではありません。基本となるのは，前年度の計画案です。それに，次の点を考慮していきます。

> 前年度の反省を生かす

　まず，前年度の反省の記録を確認します。反省に書いてあっても，本当にそうした方がよいのか吟味をしながら，変えるべき点は変えていきましょう。

> 体育主任の考えを反映させる

　「こんな運動会にしたい」という体育主任の考えを反映させた計画案にします。しかし，いきなり大きく変えるのではなく，周りの職員の意見を聞きながら，少しずつ反映させるようにしましょう。

実施計画案作成のポイント

①集団分けを検討する

　ほとんどの学校では，運動会は集団対抗による対戦形式で行われています。紅白の2集団か，赤・青・黄などの3集団が多いでしょう。集団の分け方は，次のような分け方があります。

(1)学級ごとに分ける

　メリットは，学級がまとまりやすいことです。春の運動会であれば，学級編成をしたばかりなので，新しい友達とも仲良くなることができます。

(2)各学級を集団の数に分ける

　学年によって学級数が違うときに，各学級を集団の数だけ分ける方法です。その場合は，各集団の走力ができるだけ均等になるようにします。

②競技数・競技内容を検討する

　前年度どおりの競技数・競技内容でよいのかを検討します。練習日数や練習時間を減らす場合は競技を削減したり，危険な競技があれば内容を変更したりします。最近では，熱中症対策や時短のために，開会式の入場行進や全校生徒で行う全校ダンスやつなひきなどをなくす学校もあるので，管理職の意向も確認しながら作成します。

③細部まで子どもの動きを想定する

　運動会は毎年行っていても，職員は毎年入れ替わります。転入職員にとっては，ちょっとしたことに戸惑ったり疑問をもったりします。細かい子どもの動き方を質問されることもあります。そのときに困らないように，具体的に子どもの動きを思い浮かべながら計画案を作成します。

④共通理解事項を明記しておく

　運動会には，練習期間・本番当日のそれぞれに共通理解しておくべき様々なことがあります。例えば，以下のようなものがあります。

・出発係が「位置について」と言うのか，言わないのか
・徒競走の組分け（身長順にするのか，くじ等で決めるのか）
・バトンやビブス，アンカーたすき等をどの係が準備するのか
　その都度言うのではなく，計画案に明記しておきましょう。

練習日程を組むポイント

すべての教師や子どもが動くもとになる特別時間割

練習日程表は，各学年の練習の割り振り，全体練習などの期日，プログラムや放送原稿などの各係の提出期限など，

> 運動会に関して，いつ（いつまでに），何をして，何を準備すればよいのか，ひと目でわかるもの

であり，

> すべての教師や子どもが，それを見て動くもとになる特別時間割

です。基本的には，前年度を踏まえて，同じ程度の日数を確保しておきます。地域や学校ごとに違いますが，雨で運動場が使えないことも考慮すると3週間程度が一般的でしょう。

練習日程を組むポイント

①運動会の期日・延期日を確認する

地域によって，近隣の小学校と同じ期日にしたり，逆に中学校とは期日をずらしたりする必要があるので，まずは運動会の期日を教務主任に確認します。多くの場合は，○月の第○番目の日曜日，と固定されているでしょう。雨天等の理由で運動会ができなかった場合は，翌日（翌々日）に順延になるのか，次週の日曜日に延期になるのかも確認しておきます。

②全体練習の回数と内容を確認する

　全体で練習する必要があるのは，開閉会式や全校児童で行う種目（全校ダンス，つなひき，応援合戦等）です。前年度の反省を確認し，全体練習の回数と内容を検討します。特に問題がなければ，前年度と同じでよいでしょう。雨天でできない場合のために予備日も設けておきます。

③運動場・体育館の練習時間を割り振る

　通常の体育と違って学年練習が主になるので，練習期間は運動場・体育館の練習時間を学年ごとに割り振ります。割り振られる時間は週3時間より多く，場合によっては毎日割り振られることもありますが，すべての時間で練習をするのではないことを念押ししておきます。その中から，学年で相談して都合のよい時間に練習をするようにします。

④学年に応じた配慮をする

　各学年に割り振られる練習時間の時間数は公平になるようにしますが，学年に応じて，次のことに配慮する必要があります。

・各学年とも同じ練習時間になるように割り当てる
・低学年を1校時や4校時に割り振らないように配慮する
（着替えに時間がかかるため）
・全体練習に続いて学年練習を入れる場合は，疲労度を考慮して低学年は避けるようにする

　どうしても，その時間に低学年を入れないと調整ができない場合は，事前に低学年の担任から了承を取っておきましょう。

1 体育主任のための運動会計画5つのポイント

プログラム作成のポイント

プログラム作成の手順

運動会当日の数週間前には，プログラムを作成します。プログラムとは，

当日の進行順に，種目名・種別・学年・担当者などが一覧にされたもの

です。基本的に，次のような手順で作成します。

(1)各学年の競技数と内容（徒競走・表現・リレー・団体競技　等），実
　施時間の目安を提案する。
(2)各学年に，プログラム作成用の種目票を配付する。種目票には，学
　年・種別・プログラム名・実施時間を書く欄を設ける。
(3)種目票を回収し，内容や実施時間等を確認しながらプログラムを組む。

※種目票の例

No	学年	種別	責任者	希望時間帯	種目名
	5	徒競走	辻川	午前・午後 前・中・後	ゴールに向かってまっしぐら！

No	学年	種別	責任者	希望時間帯	種目名
	5	団体	山田	午前・午後 前・中・後	Go！Go！5年生

特に何か問題がない限り，前年と同じように組めばよいでしょう。

ただし，以下の点について配慮をしておきます。

プログラム作成のポイント

①メリハリのある構成にする

例えば，「3年生の徒競走の直後にまた3年生のダンスをする」「リレーの直後に別の学年のリレーを続ける」…などのように，同じ学年や同じ内容の競技を連続させないようにします。表現，リレー，団体競技など，メリハリのあるプログラムにしましょう。ただし，徒競走は例外です。序盤に，各学年の徒競走を続けて行うことはよくあります。

②「係との連携」を考えて種目を配置する

運動会の係は一般的に5・6年生（小規模校では4年生から）が担当します。5・6年生が一緒に参加する競技や，全校児童で行う全校ダンスなどの直後に，準備物がたくさん必要な競技を配置していると，移動や準備に時間がかかってしまいます。そうならないように，準備物が必要な競技の直前には高学年の競技を入れないなど，前後の関係に気をつけましょう。

③外部の人が関わる種目の確認

プログラムの原案ができたら，各学年の担任に，そのプログラム順でよいか内諾を取ります。来賓・敬老の種目や，近隣の子ども園の種目（来年入学する予定の子どもが参加する競技）などは，教頭先生から各団体・施設に確認してもらいます。

④最後は盛り上がる種目を！

最後の種目には，一番盛り上がる競技・演技を入れましょう。例えば，6年生の表現や全校代表リレーなどは盛り上がります。学校によって，伝統的に「最後の種目と言えば，これ！」というものがあるはずです。

会場の準備・後片付けの
ポイント

会場の準備のポイント

①限られた時間で無駄のない計画を立てる

　準備も後片付けも，限られた時間で行います。子どもたちの動きを具体的に想定して，無駄のない計画を立てておきましょう。体育主任は，「各学年が何をするのか」「何人必要なのか」「必要なものがどこに保管されているのか」「終わったら何をするのか」「担当職員は誰なのか」を提案・周知します。それを受けて，学級担任がどの仕事に何人，誰が行くのかを事前に決めておきます。

②準備に必要なものを事前に確認しておく

　いざ準備が始まってから，必要なものが足りない，見当たらない……というのでは，予定の時間内に準備が終わりません。そうならないように，

> 必要なものの「量」や「保管場所」を事前に確認しておきます。

　例えば，次のようなものが必要になります。石灰以外は，運動会のときぐらいにしか使わないので，紛失していないかよく確認しましょう。

- ・石灰　・杭　及び　玄翁（大きなハンマー）
- ・席札（「本部席」「来賓席」等の札）　・土嚢袋等（テント固定用）
- ・標識ロープ（立ち入り禁止区域に張る）

会場の後片付けのポイント

①体育主任は全体に目配りをする

　後片付けは，子どもたちや職員だけでなく，保護者や地域の方など，大勢が動きます。大人に手伝っていただけるのは大変助かるのですが，片付け方が雑だったり，保管場所を間違えてしまったりすることもあります。

> 　そうならないように，体育主任は全体に目配りをしながら，必要に応じてハンドマイクなどで指示をしながら動きます。

　体育主任が倉庫の中などに入って片付けをしてしまうと，他の片付けに目が行き届かなかったり，周りの人が体育主任に尋ねたくても探せなかったりして片付けが滞ってしまうことがあります。

②テントは1張ごとに色分けする

　複数のテントを片付けるときに，足の骨組みをばらばらに片付けられると，次に使うときにとても困ります。そこで，テントの骨組みには1張ごとに色分けしたビニールテープを巻いておくと便利です。骨組みと屋根のサイズも微妙に違うことがあるので，屋根も骨組みと同じ色のビニールテープを見えるところに貼っておくとよいでしょう。

③長期保管するもの・一時保管するものの保管場所を明示しておく

　運動会に使ったものは，「来年まで長期保管するもの」，「近隣の施設から借りた借用物」「学年の競技で使用したもの」などがあります。それぞれどこに保管するのか，借用物は運動会当日に返却するのか，後日返却するので一時保管するのか，その場合どこに置いておくのか，といったことを事前に提案しておき，片付けがスムーズにできるようにしておきます。

当日の進行のポイント

進行は早すぎず遅すぎず

運動会の進行は，とにかく

できる限り「時間を守る」こと

です。プログラムには，目安となる時刻が明記されています。保護者の中には，仕事の都合や体調等により，自分の子どもの競技だけを見に来る人もいます。また，仕事を休めないけど，せめてお弁当だけは一緒に食べたいと，有給休暇を1〜2時間取って駆けつける保護者もいます。進行が早すぎたり遅すぎたりしてしまうと，せっかく来たのに長く待たされたり，もう終わっていたりしてしまいます。

　そのようなことがないように，早すぎず遅すぎず進行するのは体育主任の務めです。体育主任と各係が連携を取りながら，時間通り進めましょう。

進行を早めるポイント

①出発係のピストルで調整する

　少しの遅れであれば，徒競走などの出発のときにピストルを撃つタイミングで調整できます。通常は，前の組がゴールしたあとで，次の組が出発します。しかし，少し進行が遅れているな……という場合には，前の組がゴールする少し手前くらいで，次の組のスタートをさせるようにします。

②競技の入退場で調整する

　入退場で調整することもできます。通常，前の学年が退場をした後で，次の学年が入場します。これを，同時に行うのです。徒競走やリレー，個人走などであれば入退場を同時にしても大丈夫ですが，種目によっては，入退場も競技・演技の一部というものもあります。体育主任が判断して，どの種目の入退場を同時に行うか決めて招集係や放送係に伝えましょう。

③最後の手段

　何らかの事情で大幅に進行が遅れたり，天候不良のため，あえて進行を早めたりすることもあります。①や②でも足りない場合，最後の手段は競技をカットします。もちろん，子どもたちが練習してきた競技をカットするのではなく，来賓競技や敬老競技などの外部の方の競技を，了承を取った上でカットしたり一部省略したりします。管理職の指示を仰ぎながら，臨機応変に進めましょう。

進行を遅らせるポイント

①出発係のピストルと入退場

　遅らせるのは，「早めるポイント」の逆をすればいいのです。出発係が，前の走者がゴールした後にワンテンポ置いてピストルを撃ったり，前の競技の学年が退場するのをゆっくり待ってから次の種目の入場を行ったりします。

②給水タイム

　よほど肌寒い日でなければ，こまめに給水タイムを取っても違和感はありません。予定より多めに給水タイムを取ることで，進行を遅らせることがあります。ただし，あまりにも回数を多くしたり，給水時間を長く取りすぎたりすると，間延びしてしまうので注意をしましょう。給水タイムは，１回１～２分ほどあればよいでしょう。

運動会の意義を押さえるポイント

教師が「何のために運動会をするのか」を意識する

　運動会は，何のために行うのでしょうか。運動会の実施計画案には，最初に目標が示されているはずです。教科の授業であれば，子どもたちに「今日のめあては……」と目標を意識させるでしょう。ところが，運動会ではそのようなことはあまり行われません。あわただしい日程の中で，教師自身，目標を意識していないのではないでしょうか。まずは，

> 教師自身が「何のために運動会をするのか」を意識して取り組みましょう。

　毎年当たり前のように繰り返される運動会ですが，だからこそ，目標をしっかりもっておかないと，惰性に流されてしまいます。せっかく多大な時間と労力を使って取り組む運動会ですから，意義のあるものにしていきましょう。

運動会の意義を押さえるポイント

①学年に応じて具体化・細分化した目標をもたせる

　児童会や代表委員会などで決める運動会のスローガンは，学校全体の目標でもあります。そのスローガンは抽象的なので，

> 学年に応じた目標に具体化します。

　さらに，子どもたち個人の目標を立てたり，高学年ならリレーや表現運動の目標を立てたりと，学年に応じて細分化した目標をもたせます。
（88～93ページ「運動会のテーマ（スローガン）を生かすアイデア」を参照）

②目標を意識し続けるシステムをつくる

　目標は，作文のように書かせたり，キーワードを毛筆で半紙に書かせたりして，運動会当日まで教室内に掲示しておくとよいでしょう。朝の会で学級の目標を暗唱したり，練習前に目標を3回唱えたりするなど，

> 目標を意識し続けるシステムをつくる

ようにし，「目標の立てっぱなし」で終わらないようにします。

③評価をすることで意欲を持続させる

　目標を決めても，「意欲」がなければ効果はありません。そこで重要なのが，評価です。学級の目標や個人の目標に応じて，目標を意識した行動ができた子を積極的にほめ，できなかった子を励まします。子どもたちの頑張りを学級通信で適宜紹介するのもよいでしょう。並行して，ときどき，子どもたち自身にも自己評価をさせるようにします。

個人種目の指導のポイント

個人種目とは

　ここでいう個人種目とは，徒競走や個人走など，スタートからゴールまで個人（ひとり）で行う種目です。

> 　徒競走は，一定の距離を走って，速さを競います。

　一般的に，低学年は50m走，中学年は80m走，高学年は100m走を走ります。順位に応じて得点がつけられるので，当然，速い方がよいと子どもたちは考えます。しかし，走るのが速い子どもが活躍するだけだと，走るのが苦手な子どもはつらいだけです。何のために走るのか，勝ち負けで終わらないその意義をしっかり指導し，速い子が遅い子を見下さないような学級づくりをしましょう。

> 　個人走は，単純な走力ではなく，偶然性や障害物などにより勝敗が決まります。

　徒競走が個人の走力によって勝敗が決まるのに対し，個人走は走るのが遅い子でも一等賞を取る可能性があります。競技内容も，ジャンケンの勝敗やめくったカードの指示に従うなどのアイデアあふれるものが多いのが特徴です。得点種目ではありますが，走るのが遅い子も楽しく参加することができます。

徒競走の指導のポイント

①学習の成果を披露する場として

　走らせてみると，「手の振り方がおかしい」「真っ直ぐ走れない」など，正しい走り方ができていない子がけっこう多いです。体育の時間に，正しい走り方を教えます。その成果を披露する場として，運動会を活用するのです。

　（「真っ直ぐに走る」指導については58～59ページを参照）

②最後まで，一生懸命頑張る姿を見せる

　もう追いつけないことがわかると，途中で力を抜いてしまう子がいます。それでは，参観や応援をしてくれる人に失礼です。徒競走では，たとえビリになっても得点が入ります。それは，「最後まで一生懸命走るからこそ」であることを教えておきます。

個人走の指導のポイント

①個人走の内容・ルールを把握させる

　個人走は学年によって内容が違います。どの学年でもしっかりルールを説明し，把握させます。口頭で説明をするだけでなく，どこで何をするのかを実際にやって体感させましょう。

②凝りすぎた内容にしない

　面白さを求めるあまり，凝りすぎた内容にしてしまうと，準備や競技に時間がかかってしまいます。割り当てられた時間を大幅に超えていないか，必ず実際にやってみて時間を計りましょう。いくら自分では面白いと思っていても，参観者から見ると「だらだら」「間延び」していると映るかもしれません。けっして，独りよがりの競技にならないように注意しましょう。

団体種目・リレーの指導のポイント

団体種目・リレーとは

　ここでいう団体種目とは，個人の走力で勝敗が決まる個人種目に対して，チーム全体で勝敗を競う種目です。娯楽性が強いので，運動が苦手な子どもも楽しく参加することができます。大まかに分けて，次の2種類があります。

> ・玉入れやつなひき，組体操のように，多人数が同時に行うタイプ
> ・大玉転がしやむかで競走のように，順番に行うリレータイプ

　リレーも団体戦ですが，団体種目とリレーは別にしていることが多いです。

> 　リレーは，1本のバトンをつないで勝敗を競います。

　バトンの受け渡しやバトンゾーンの使い方など，リレーは練習を重ねて技能を高める側面が強いので，勝敗にこだわることが多い種目です。

団体種目の指導のポイント

　団体種目は，組体操のように，道具がなくても実施できるものもありますが，多くは大玉やキャタピラ（段ボールでつくった輪の中に入って進む），カード類など，既成や手製の道具を使うことが多いのが特徴です。万が一，道具に不備があると競技の進行に影響を与えます。

> 　種目が決まったら，早めに道具の破損や数の確認をしておきます。

前年度，破損したものを，後で補修しようと片付けたまま忘れているかもしれません。直前になって，数が足りなかったり破損していたりすることがわかると，補修や代替品の準備が間に合わないこともあります。

リレーの指導のポイント

①チームごとの走力を公平にする

　勝敗にこだわる競技だけに，子どもたちはチームのメンバーを気にします。一方的な展開にならないように，教師はチーム編成を考える必要があります。たとえば，50m走のタイムをもとにして，全員の総タイムがおおよそ同じ程度になるように編成していること，あとはバトンの受け渡しやバトンゾーンの使い方で勝敗が決まることなどを子どもたちに伝えます。世界陸上やオリンピックで，個人のタイムは低いのに4×100mリレーでは日本チームがメダルを獲ることができた話をして，バトンの受け渡しの大切さを教えましょう。

②技能の前に，まず心構えを

　バトンの受け渡し等の技能の前に，まず心構えを教えます。それは

> 抜かれたり，失敗（転ぶ，バトンを落とすなど）したりした子を，絶対に責めないこと

です。リレーは，ひとりの走者が一気にごぼう抜きをして大逆転を見せると盛り上がりますが，一方で，失敗したり追い抜かれたりする子が「あの子のせいで負けた」と責められないようにしましょう。協力や励ましでチームが団結することが，勝敗よりも意義のあることです。

応援の指導のポイント

運動会には２つの応援がある

運動会で応援という場合，２つの応援があります。

１つは，応援合戦です。応援合戦は，次のようなことです。

集団（色）ごとに統一された振付やかけ声で，勝利への思いを表現する。応援団長や応援リーダーが中心になって，子ども主体で行う。

団長のかけ声に合わせて，限られた時間（例えば３分間など）内に行います。諸外国の学校教育やスポーツにはあまり見られない（チアリーダーなどはありますが），日本独特の文化と言ってよいでしょう。振付やかけ声が決められているので，応援というよりは表現運動に近いといえます。子どものアイデア溢れる応援は，運動会を盛り上げてくれるでしょう。

もう１つは，

競技・演技をしていないときに，自分の席（応援席）で行う応援

です。基本的にフリーの時間なので，応援席にいるときはずっと応援をするのではありませんが，得点種目では自然に応援してしまうものです。自分と同じ集団（色）はもちろんですが，たとえ敵の集団（色）でも，友達や兄弟姉妹などを応援するのは差し支えありません。決められたかけ声などはないので，好きなように応援をさせるとよいでしょう。

応援の指導のポイント

①スムーズな応援練習は教室での指導から

集団（色）分けが学級ごとならよいのですが，各学級を複数の集団（色）に分けている場合は，担任は他集団（色）の応援練習についていけません。スムーズな応援練習ができるためには，教室での学級担任の指導が大切です。たとえば，次のようなことです。

（応援リーダーや応援団長の指導については94〜99ページを参照）

- ・練習時刻に間に合うように，教室を出す（教師が先に行かない）
- ・集団（色）ごとにまとまって練習場所へ行かせる（特に低学年）
- ・応援の振付や応援歌など，教室でできるものは練習させておく

他集団（色）の子どもたちの様子は，その集団（色）の教師と情報交換をして把握しておきましょう。

②応援席での応援マナー

応援席では自由な応援ができますが，応援にもマナーがあります。

- ・「行けるよ！」「大丈夫！」等のポジティブな言葉を使う。
- ・「あの人は遅い」「○○さんのせいで負けた」などのネガティブな言葉は使わない。
- ・味方の活躍だけでなく，相手チームの活躍にも拍手を贈る。
- ・敵味方にかかわらず，間違いや失敗を見て笑わない。

自分が声をかけられたときに，元気が出るような応援をするように指導しておきます。

運動会"後"に生かすポイント

意図的に行うか，惰性に流されるか

　運動会は，学級の取り組みだけでなく，学年や学校全体での取り組みなどがあります。縦割りでの応援練習もあれば，高学年は係活動もあります。このように，同学年や異学年での集団行動が多い運動会は，子どもが成長する絶好の機会です。しかし，

> 意図的に行うか，惰性に流されて行うかによって，成長の度合いは大きく違ってきます。

　例えば，同学年や異学年の練習，縦割りの応援練習などでは，時間通りに集合しないとスムーズに進められません。そこで，「5分前行動をしよう」というめあてを決めて，取り組んだとします。すると，今日は何時から何があるか，ということをチェックし，間に合うように準備をし，時計を見ながら遅れないように気をつけて練習に参加できたとします。

　ところが，運動会が終わるともう「5分前行動」のことを忘れてしまうことがあります。それでは，せっかく数週間取り組んできたことが，無駄になってしまいます。運動会後の普段の活動や行事などでも「5分前行動」の意識をもって取り組むことができるようにすることで，「運動会だけ」で終わるのではなく，その後の生活にも生かしていけるようにするのです。教師は，運動会で子どもたちにどのような成長があるのかを予想し，意図的にその成長を伸ばすように努めなければなりません。

運動会"後"に生かすポイント

①年間を見通す

　子どもを伸ばすには，運動会単体で考えるのではなく，1年を見通して考えることが大切です。学級担任にとっては運動会で終わりではありません。例えば，5年生で考えると，年間に次のような行事があります。

```
歓迎遠足  →  運動会  →  野外宿泊
                  →  秋の遠足  →  学習発表会  →  卒業式
```

　前ページでは，例として「5分前行動」を挙げましたが，他にも「最後までていねいに取り組む」「挨拶や返事を大きな声でする」など，各行事の中で共通に取り組めるものはたくさんあります。それぞれの行事で，繰り返し意識を高める中で，定着していきます。

②ふり返りをさせる

　どのような目標を決めても，活動する中で子どもたちは忘れてしまいます。

　子どもたちが意識して行動するには，学年に応じたやり方で，その日ごとや週末ごとなどに，定期的に目標をふり返らせます。ふり返りは，挙手や○×のチェック表，日記でのふり返り，短作文など，いろいろな形があります。目標に対して自分の言動はどうだったのか，常に意識できるようにしていきます。

③教師の評価

　子どもの意識を持続させるには，ふり返りだけでなく，教師の評価が必要です。「今日はよくできたね」「今日は，もう少しでしたね」「あとちょっとだったから，明日はできるかな」などといった言葉かけや，子どもの日記や短作文への朱書きなど，教師の評価や励ましをしていきましょう。

【コラム】

運動会の歴史

　今では当たり前のように毎年行われている運動会ですが，いつ頃始まったのでしょうか。

　日本で最初に運動会が開かれたのは1874年，海軍兵学寮（海軍の幹部を育てる学校）でのことでした。イギリス人の教師ダグラス氏が「（イギリスで行われている）アスレチックスポーツをしたい」と提案し，そのアスレチックスポーツを「競闘遊戯会」と訳して行われたのが始まりです。

　当時の種目は「短中距離走」「走り高跳び」「三段跳び」「走り幅跳び」「二人三脚」など，現在の運動会や陸上競技で行われている種目もありましたが，「卵採り（一定間隔に置かれた卵を20個拾って走る）」「背負い競走（生徒を背負って走る）」「水おけ競走（水を入れたおけを頭の上に乗せて走る）」「豚追い競争（子豚の体を油を塗って放ち，つかまえる競技）」など，現在では見られない，大変ユニークな種目もあったそうです。なかなか楽しそうですね。これが，1878年に札幌農学校で「力（りき）芸（げい）」，1883年に東京大学で「運動会」，1984年に体操伝習所（体育の先生の学校）で「東京体育会」として開かれ，その後に師範学校，中学校，小学校へと広まったそうです。（毎日小学生新聞「きょうのなぜ？　運動会の歴史」2016年9月4日）

　今では当たり前のように全国で行われていますが，長年続く中で，運動会も少しずつ形を変えています。「運動会はこうでなければならない」という固定観念は捨てて，さまざまなアイデアを取り入れたり，危険な競技を改善したりと，時代とともに常に新しい運動会を模索していくことが大切です。

第2章

正しい
運動会指導の
ポイント

テーマ（スローガン）の
決め方の指導

"スローガン" の意味を伝える

スローガンの意味を調べると，次のように書かれています。

・団体や運動の主義・主張を，簡潔に言い表した語句。標語。（デジタル大辞泉）

・標語，合言葉などと訳され，特定の主張を広く人びとに浸透させるために，その意図を簡潔に表現した言葉。（世界大百科事典）

これらを踏まえ，運動会のスローガンとは「運動会に対する思いをもち，その思いをみんなに浸透させるために簡潔に表現した言葉」と私は解釈しました。このように，まずは教師が言葉の意味を調べ直すことで，スローガンとは何なのかを子どもたちに伝えることができます。高学年なら「スローガンはあるべきなのか」などと討論させてもいいでしょう。スローガンの意味を教え，その必要性を考えさせる過程を通して，スローガンを決める意義を子どもたちが見出せるようにしていきます。

各学級でアンケートをお願いする

私が児童会を担当し，学校全体の運動会スローガンを決めたときには，はじめに子どもたちの運動会に対する思いを知るために，各学級にアンケート用紙を渡していました。（資料１）アンケートの実施方法は各学級にお任せしていましたが，次の４つのことを意識して，アンケート用紙は作成しました。

・スローガンとは何かを簡単に説明する言葉を入れること

・学校全体という部分を強調し，各学級で運動会に対する意気込みや目標を話し合ってほしいということ

- スローガンは短い言葉でまとめるが，言葉はいくつでも出してOKだということ
- 児童会担当としての運動会に対する思いを簡潔に伝えること

　このアンケートをもとに，児童会運営委員でスローガンを決めていきました。

資料1

３つのポイントを使って決める

　スローガンの意味を調べると，次のようなことも記載されています。

- 一般的にスローガンは，覚えやすく，口にしやすいということが重要であり，簡潔性，印象性，適時性などが重視される。（世界大百科事典）

　そこで，児童会運営委員には次の３つのポイントを意識してスローガンをつくるように呼びかけます。

　「その年ならではの」「覚えやすい」「口にしやすい」言葉でスローガンをつくろう！

　せっかく決めたスローガンが学校全体で広まらなければもったいないからです。児童会運営委員は，各学級で書いてもらったアンケートをもとに，どんな言葉が多く出ているのかを調べながら学校全体の運動会に対する思いを固めていきます。また，３つの視点で各学級から出てきた言葉やスローガンの案を検討することで，全校児童の心に残るスローガンを目指して言葉を決定していきます。上記は学校全体のスローガンの決め方指導でしたが，これは学級内のスローガン決めにも転用させることができます。学級のスローガン，個人のスローガンのように，学年・学級の実態に合わせてスローガンを決めて掲示しておくことで，子どもたちの運動会に対する意識も高まるでしょう。

（平井　百合絵）

練習期間のテーマ（スローガン）へのモチベーションを高める指導

スローガンに使われている言葉を素材に，"道徳"授業をする

①スローガンに使われている言葉を掘り下げる

　夏にオリンピックが開催された年，運動会のスローガンが「心を一つに！〜笑顔と感動の金メダル〜」という言葉に決まりました。そこで，使用されている言葉の意味を調べたり，スローガンの言葉に対してあらゆる疑問をもち，その疑問に対して自分なりの考えを出したりしました。例えば，

・全校児童の「心が一つになる」ときとはどんなときか
・全校児童が「心を一つにする」ことなんてできるのか
・「心が一つになった！」と感じられる姿とは，どんな姿だろうか
・誰の笑顔が見られるとスローガン達成になるのだろうか
・感動とは，どのような状態のことをいうのか
・誰が感動するのか，その対象が感動するときとはどんなときか

　スローガンに使われている言葉についてまずは教師が深く掘り下げることで，子どもたちのスローガンへのモチベーションを高める指導につなげていきます。

②スローガンの意味を深めるための"道徳"授業をする

　①で教師自身がスローガンの言葉を掘り下げてみると，「この問いを子どもたちと一緒に考えてみたい」という問いが出てきます。そこで，スローガンに使われている言葉を素材にして"道徳"授業を行います。時間がとれなければ朝の会や帰りの会などの5〜10分の短い時間でも可能です。学年によって考えさせる問いは変わりますが，私だったらまずは「全校児童が『心を

一つにする』ことなんてできるのだろうか」「もしあれば，『心が一つになった！』と感じられる姿とは，どんな姿だろうか」という２つの問いを子どもたちにも考えさせたいです。「心を一つに」という抽象的な言葉を，より具体的な姿としてイメージさせるためです。教師から言葉の意味を教えるのではなく，子どもたちの思考を通して言葉の意味を考えさせることで，スローガンに対するモチベーションを高めることができるでしょう。

スローガンの言葉と子どもの行動を結びつける

　上記のようなスローガンの言葉を素材にした道徳授業（または朝の会・帰りの会でのお話）をするとき，子どもたちの写真があるとなおモチベーションの向上に有効です。スローガンの言葉の意味にぴったりな子どもの姿を見つけたら写真を撮っておき，価値付けをして紹介します。写真を撮られていた当事者たちは自己肯定感が高まり，周りの子どもたちは「自分にもできそう」「私もあんな姿を見せたい」と思う子どもも出てくるでしょう。また，

練習している子どもたちの写真から「これは心が一つになっている姿かな」と問いかけるのも一つの方法です。自分たちの姿を客観視することで，心が一つになっている状態のイメージとの相違点を見つけ，改善しようとする気持ちを高めることができるからです。右の写真は全校応援の練習をしている場面です。「オー！」と

言って腕を上げるのですが，腕の上げ方がバラバラで「心が一つになっている」とは全く言えない状況です。そこで，この写真を見せて「"心を一つに"テストです。この写真は何点でしょう」と言って，評価をさせます。点数をつけたら理由も併せて発表させます。紅白で対決するのであれば，紅組の写真と白組の写真を比較させて競わせても面白いです。このように，子どもたちの写真を使って言葉と子どもたちの姿を結びつけて提示することで，より自分事として捉えやすくなるでしょう。

（平井　百合絵）

テーマ（スローガン）の ふり返りの指導

その都度 "ふり返る" 意識をもたせる

スローガンは運動会当日だけの目標ではありません。運動会当日だけスローガンで掲げた目標を達成させればよいのではなく，普段の練習から「今日の練習ではスローガンが達成できたのか」また「運動会当日にスローガンが達成できるような練習ができていたのか」をふり返ることが大切です。

例えば，全校練習があるときには練習が始まる前にスローガンの言葉を全員で音読させます。そして，「スローガンがどれだけ達成できたのか」「当日達成させるためにどれだけ近づけることができたのか」を練習の終わりにふり返ってもらうことを事前に予告しておきます。そのときに1つ意識したいことは，ふり返りをするときの判断材料を事前に伝えておくことです。練習でどんな姿が見られるとスローガンが達成された（達成に近づけた）と言えるのか，具体的な姿でイメージできるような，ふり返りのヒントを伝えておくと，スローガンに対する意識が高まります。

練習が終わった後は次の流れでふり返ります。

(1)スローガン達成に対して，4・3・2・1の4段階で自己評価をする

(2)4・3・2・1のどれを選んだのか，全員に挙手させる

(3)前後の人，または隣の人とペアを組み，自分が選んだ評価とその理由を30秒ずつで発表させる

(4)数名指名して，自己評価の数字とその理由を全体の前で一言発表させる

慣れてくればこの流れを児童会に任せてもよいでしょう。このふり返り方法は，学年・学級ごとの練習にも転用できます。ふり返りの方法は様々ですが，ふり返りを繰り返し行うことで，スローガンを意識して練習に臨む子が

増えていくでしょう。

子どものふり返りを生かして発信する

　ふり返りの指導をするときには，子どもにふり返らせて終わりではなく，継続的に意識ができるように子どものふり返りを掲示板や通信等で発信することが大切です。そのときに，子どもたちの写真や教師の評価コメントがあるとなおよいでしょう。たとえば，次のような子どものふり返りを発信する方法があります。

①全校掲示板で全校児童に発信する

　右の写真は全校掲示板の写真です。
　運動会の練習時の写真・ふり返りではないのですが，子どもたちの写真と教師が書いたふり返りの紙を掲示していました。運動会練習のときも同様に子どもの姿や子どもから出たふり返りを生かして，全校掲示板に掲示しておくことで，子どもたちの意識も高まるでしょう。

写真とともに教師のふり返りも
一言添えて掲示します。

②通信で保護者に発信する

　運動会が終わったら，日記や作文ノートを使ってふり返りを書いてもらいました。そのノートの中からいくつか抜粋し，通信で紹介をします。子どものふり返りから教師がいいな！と思ったことを付け加えることで，ふり返りを書いた子どもも喜びます。保護者の方も子どもたち

が運動会を通して何を感じたのかを知ることができる1つのツールとして，通信を活用します。

（平井　百合絵）

手の振り方・足の上げ方の指導

入場行進への意識を変える〜手の振り方・足の上げ方の前に〜

①入場行進は必要？　—教師の意識を変える—

　運動会に入場行進は果たして必要でしょうか。オリンピックの開会式では，選手が入場行進をしています。その行進の仕方は，時代とともに現代の自由行進のカタチへと変わりました。平和の祭典に相応しく，手を振り表情はにこやかで，和気あいあいとした雰囲気の入場行進です。

　一方，甲子園の開会式の入場行進を見ると，手の振り方や足の上げ方が統一されている学校が多く，真剣な眼差しでチームの結束力を感じさせる行進をしています。

　入場行進の指導をするのなら，どのような目的でどのような入場行進を目指すのか，指導をする前に教師が明確な意図をもつことが必要です。

②「歩く」と「行進」は何が違う？　—子どもの意識を変える—

　ただ歩かせるだけでは，"させられる"入場行進となってしまいます。子ども自身に，次の意識をもたせることが重要です。

> 　入場行進も演技の１つであるという意識。

　これは，ただ歩くのではなく，行進で魅せる意識をもたせるということです。例えば次のような発問をして，子どもたちに演技の意識をもたせます。
【発問①】「歩く」と「行進」は何が違いますか。
【発問②】入場行進を運動会でなぜするのでしょうか。本当に必要でしょう

か。

【発問③】入場行進でどんな姿を見せたいですか。

　子ども自身が目的意識をもてば，入場行進の指導に対する子どもたちの取り組み方も大きく変わるでしょう。

手の振り方・足の上げ方は「力まず自然に」

　下のＡ，Ｂ，Ｃの３つの行進の様子からどのような印象をもつでしょうか。

様子		A	B	C
特徴	手	ほとんど振らない	少し振る （指を軽くにぎる）	大きく振る （指先を伸ばす）
	足	ほとんど上げない	少し上げる	大きく上げる

　Ａは，普段の歩行とほぼ同じです。一番自然ではありますが，「行進」としては，やや元気のない，力弱い印象を与える歩き方です。

　Ｃは手も足もしっかりと上がって，元気がよくハキハキとした印象を受ける人もいるでしょう。一方で，軍隊的で若干固い印象も与えます。また実際に行進をしてみると，前に進みづらいという欠点があることにも気づきます。

　そこで，「力まず自然」なＢがオススメです（ただし，校内で統一したやり方があればそれにそろえます）。「少し」という基準が曖昧で揃わない場合は，具体的な基準を教師が設定するのもよいでしょう。例えば，「手の振りは，気をつけと前へ倣えの間。（地面から45度）」などの基準を伝えておきます。演示で視覚的に示すなどして，理解させます。

　Ａ，Ｂ，Ｃの３パターンを体験させて比較させたり，どのような行進が「魅せる」行進になるのか互いに見合わせたり，子どもたちに考えさせながら練習をさせることで，よりよく「魅せる」手の振り方と足の上げ方を覚えさせましょう。

（古橋　功嗣）

2　入場行進の指導

姿勢・目線の指導

よい姿勢の指導は「腰」に意識を向けさせる

①先人も注目した「腰」

　元オリンピック競歩選手の奈良岡良二氏の著書『歩行の美と力—正しく美しい歩きかたの科学』（第一法規出版）に次の一節があります。

> 　日本人のどことなくだらだらした感じを与える歩き方は，腰がはっきり伸びないでくずれてしまっているからです。…（中略）…
>
> 　私たちのいろいろな動作において，最も大事なことはこの腰にあるのですが，あらゆる運動競技において，また舞踊，演劇においても，腰のすわらない者は上達しないし，りっぱな演技ができないのです。

　哲学者・教育学者の森信三氏も「立腰」という言葉で，「腰骨」を立てることの効用を提唱しました。

　姿勢の指導は，「腰」に注目して指示を出すと，背筋が伸び，胸を張った姿勢に自然となっていきます。「気をつけの号令で，腰骨を前に出します」

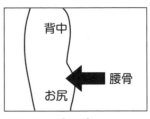

【図1】

という指示を出し，「腰」を意識させてよい姿勢をとらせましょう。

②腰を立てる感覚を体感させる「かかとあげ」指導アイデア

　効果的な姿勢の正し方のアイデアを紹介します。

　「かかとあげ」です。

方法はとても簡単です。以下のように指示を出して取り組ませましょう。

(1)片足のかかとをお尻に付けて両腕で支えましょう。（【図2】参照）

(2)その状態をキープし，5秒間片足立ちしましょう。

(3)上半身をそのまま固定して，ゆっくり足を下ろしましょう。

【図2】

　両腕で片足を支えることで，自然と腰が立ち，胸を張った状態になります。「かかとあげ」は口頭の指示だけではうまく姿勢を正せない子にとっても，いい姿勢を"体感"させることができる方法です。

　「かかとあげ」によっていい姿勢を固定したら，その場で足踏みをさせたり，実際に行進したりして，いい姿勢を定着させていきましょう。

目線の指導は，具体的な対象を見るように指示を出す

　行進時の目線は「正面よりやや上」がよいでしょう（【図3】）。歩行の際は足元が気になるため，「正面」と思っていてもやや目線が下がる可能性が高いからです。

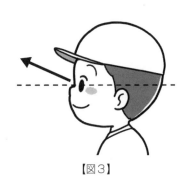

【図3】

　「正面よりやや上」を意識させるために，具体的な対象を伝えて意識をさせるとよいです。例えば「前の人の頭の頂点を見なさい」などの指示です。

　行進の先頭は，対象物が目前にありません。そこで，遠すぎず，近すぎずの距離で20m〜25mほど先を見るようにさせます。はじめは教師が20m先に立ち，間隔を維持しながらともに行進練習をすることで，目線の高さに慣れさせていきましょう。

（古橋　功嗣）

歩き出し方・止まり方の指導

指示と動作のきまりを共有する

　歩き出し方・止まり方の指導は，指示とそれに合わせた動作を統一し，共通理解を図っておくことが大切です。愛知県教育委員会が発行する「集団行動指導の手引き」には，「歩」と「走」について以下のように指示と動作が紹介されています。

	指示	動作	留意点
歩	前へ………進め	「進め」の合図で左足から踏み出す。	・足先は，まっすぐ進行方向に向けて歩く。
歩の停止	全体………止まれ	「止まれ」の合図により2動作で完了する。	・2動作で気をつけの姿勢をとらせる。
走	駆け足………進め	「駆け足」の合図で手を軽く握り，腰の高さにあげ，体重をつま先にかける。「進め」の合図で左足から走り出し，腕は前後に自然に振り，前方を見る。	・上体を，できるだけ上下・左右に動揺させないように走る。 ・低学年では縦の列を乱さないように，中高学年は速さ，歩幅，歩調をそろえて走る。
走の停止	全体………止まれ	「止まれ」の合図により，5動作で完了する。	・第5動作で両腕をおろし，気をつけの姿勢をとらせる。

歩き出し方，止まり方の指導は3つのステップで行う

　歩き出し方・止まり方を3つのステップに分けて行う指導アイデアを紹介します。

①ステップ1 「止まる位置」を確認させる

　入場行進の歩き出し方と止まり方の指導は，「止まる位置」の確認から始めます。「止まる位置」の確認とは，自分が静止する位置の目印を覚えるということです。前方後方，左右に見えるもの，地面に打たれたポイントとの距離など，行進の「ゴール」をまずははっきりと意識させます。

　また，入場行進の止まる位置をそれぞれの子どもに覚えさせながら，行進終了時の全体の隊形を，教師が調整・把握しておきましょう。

②ステップ2 「その場で足踏み」から「止まる」練習を繰り返す

　「止まる位置」を確認させたら，そのままの場所で次の練習に移ります。次は，「その場で足踏み」から「止まる」練習です。次の手順で練習を進めます。

(1)「前へ……進め」と言われたら，左足から踏み出す（まだ前へは出ない，その場で左足から踏み出す練習をする）ことを伝える。

(2)「前へ……進め」の合図で左足から踏み出し，「左，右・・左，右・・左，右・・」のリズムで，その場で行進の練習をする。教師は「左，右・・左，右・・左，右・・」と声をかけながら，足がそろっているかどうかを確認する。

(3)「全体……止まれ」と言われたら，「1，2」の2動作で気をつけの姿勢を取る止まり方を教える。

(4)(2)の練習に，「全体……止まれ」の指示を加えてさらに練習を繰り返す。

③ステップ3 スタート位置から実際に歩いて止まる練習をさせる

　最後に，スタート位置へ子どもたちを移動させ，「止まる位置」へ向けて実際に行進をさせましょう。歩き出しは，全体が同時にスタートすることを伝え，行進開始から停止まで前の子との間隔が開かないように注意させましょう。

（古橋　功嗣）

運動会の準備運動・整理運動の意義

なぜ，準備運動や整理運動をするのか

　運動やスポーツをする前後には，準備運動や整理運動をします。当然，運動会でも行います。

> 　準備運動は，体を温め，体の可動域を広げることによって，運動をしやすくすると同時にけがを予防するために行います。

　運動会の場合，開会式で準備運動をしてから自分の学年が競技をするまでに間が空くし，学年によって違う競技をするので，準備運動としてどうなのか，という意見もあります。たしかに，陸上競技会などでは，自分の出場種目の前になったら，選手が各自の種目に合った準備運動を始めます。しかし，低学年を含む小学生はそのようなことをするのは難しいので，全校児童で一斉に準備運動や整理運動を行います。効率的でもあり，また，準備運動のやり方を学ぶ場の一環でもあります。

> 　整理運動は，使った筋肉を伸ばし，血液の循環を改善し，体の疲れを早期に回復させるために行います。

　しかし，このような準備運動や整理運動を「なぜ，するのか」ということを知らずに（教えられずに）やっている子どもも多いです。そのため，いいかげんな準備運動や整理運動になっている子もしばしば見られます。説明を受けても，理解していなかったり忘れたりする子もいます。普段の体育の授

業はもちろん，運動会の練習中にも，準備運動や整理運動の意義を，折に触れ何度も話すようにしましょう。

地域によって違う準備運動・整理運動

　準備運動や整理運動の内容は，都道府県や地域によって違いが見られます。特に，準備運動には「ラジオ体操第一」をしている地域も多いのですが，その地域独特の「○○体操」であったり，流行歌に合わせた運動であったりします。どんな運動でも，しっかり全身を動かすことができればよいのですが，次のようなことに気をつけて行います。

・準備運動や整理運動の目的が達せられる運動にする
・１年生でもできる運動にする
・短時間でできるものにする

模範演技の指導

　開会式や閉会式で行う準備運動・整理運動は，体育委員会の子どもたちが前方へ出てきて，模範演技をしながら行うことが多いでしょう。また，代表の子が指令台（朝礼台）の上に立って模範演技をすることもあります。その子たち，とくに指令台（朝礼台）に立つ子には，正確な動きをするように，特に指導しておく必要があります。

　注意点は，自分の列から前方へ出るときや戻るときは走ること，ラジオ体操のように決まった動きがある体操は，鏡のように左右逆の動きをすることです。通常の体育の時間にも，準備運動の模範演技をさせるようにして，きびきびと動いたり，左右逆に動いたりすることに慣れさせておきましょう。

ストレッチ系の運動の指導

ストレッチとは

　準備運動や整理運動を，ラジオ体操ではなくストレッチ系の運動で行っている学校も多いです。ストレッチとは，正式には「ストレッチング」といい，次のように定義されています。

【ストレッチング】

　筋肉を伸展させて柔軟性を向上させる運動の総称。「ストレッチ」といわれることもある。筋肉を伸展させて数秒間制止する静的（スタティック）ストレッチングと反動を利用して行う動的（ダイナミック）ストレッチングに分けられる。（『スポーツ用語辞典』小倉伸一編著，三修社，2008年）

　このように，体のある筋肉を良好な状態にする目的でその筋肉を引っ張って伸ばすことをいいます。

動的ストレッチ

　動的ストレッチとは，

動きながら筋肉をストレッチする方法です。運動前のウォームアップとして適しています。

　動的ストレッチを行うことで心拍数が上昇し，関節の可動域を広げ，筋肉

に刺激を与えて体を動かしやすくすることで，けがの防止になります。サッカーならサッカーに近い動作，野球なら野球に近い動作をすることで，これから行う運動に使う筋肉を伸ばし，パフォーマンスの向上をねらいます。

運動会の場合，様々な運動をすることから，全身を使う動的ストレッチがよいでしょう。ラジオ体操はそれに適しており，運動会でよく使われるのもうなずけます。

静的ストレッチ

静的ストレッチとは，

> 可動域ぎりぎりまで伸ばした状態を数十秒キープすることが基本です。
> 運動後のクールダウンとして行います。

筋肉をほぐし，疲労回復の効果があります。呼吸を整えながら，ゆっくりとした動きで行います。運動会では，スローなテンポの曲をかけて，同時に「……しましょう」と指示を入れて行うとよいでしょう。

準備運動に静的ストレッチをしたり，整理運動に動的ストレッチをいれたりすると，逆効果になります。ストレッチの種類によって，きちんと使い分けます。

なお，運動会では整理運動を行いますが，普段の体育の授業で整理運動をすることはあまり浸透していません。主運動に時間をかけたいと思うのかもしれませんが，普段から整理運動の習慣をつけておくことが大切です。

ラジオ体操の指導

ラジオ体操の指導のポイント

　運動会の準備運動にラジオ体操を行っている地域も多いでしょう。ラジオ体操は，かんぽ生命の起源である逓信省簡易保険局が1928年（昭和3年）に「国民保健体操」として制定し，ラジオ放送で広く普及した体操です。

　ラジオ体操第一には全部で13の運動があります。ここでは，特に間違いやすい3つの運動に絞って，正しいやり方のポイントを紹介します。

①腕を振って脚を曲げ伸ばす運動（2番目の運動）

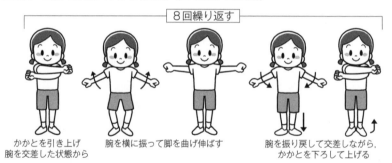

8回繰り返す

かかとを引き上げ
腕を交差した状態から

腕を横に振って脚を曲げ伸ばす

腕を振り戻して交差しながら，
かかとを下ろして上げる

　この運動でもっとも間違いやすいのは「かかとの上げ下げ」です。この運動は，基本的にかかとを上げたままの運動です。かかとを床につけるのは，2，4，6，8拍のときに，一瞬つけるだけです。きちんとかかとを上げ下げしながら行うと，結構きつい運動なのですが，べたっとかかとをつけたままの間違ったやり方をしていることが多いので注意が必要です。

　また，腕が真横まで振り上がっていないと，だらしない印象を受けます。きちんと真横まで振り上げるように指導します。

②体を前後に曲げる運動（6番目の運動）

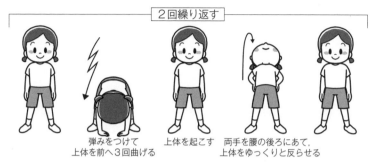

弾みをつけて
上体を前へ3回曲げる

上体を起こす

両手を腰の後ろにあて，
上体をゆっくりと反らせる

2回繰り返す

　上体を前に3回，弾みをつけて曲げ，上体を起こしたら手を腰に当てて後ろに上体を反らします。多い間違いは，上体を前後に4拍分曲げてしまうことです。8呼間のうち4拍めと8拍めは上体を真っ直ぐにして前を向く姿勢を取らせます。

③両脚で跳ぶ運動（11番目の運動）

2回繰り返す

2回

両脚を揃えて
軽く4回跳ぶ

腕を横へ上げながら大きく開脚跳び

　この運動は簡単だと思われがちですが，ひざを曲げずに跳ぶ子が多いのです。そうすると，音楽よりも早いテンポで跳んでしまいます。ひざを曲げて，リズムを合わせて跳ぶように教えます。音楽をかけずに，いろいろな速さの手拍子に合わせて跳ぶ練習をするとよいでしょう。

　低学年には正確な動きをさせるのは難しいので，学年に応じて指導します。また，他の種目が練習不足にならないよう，ほどほどにしておきましょう。
【参考HP】かんぽ生命

④ 運動会の係の指導

心構えの指導

過去の経験を思い出させて，自信をもたせる

　近くの幼稚園の運動会を見る機会がありました。徒競走でゴールしたとき，年長の子どもたちが年少の子どもたちを誘導しているのを見ました。とてもキビキビしています。幼稚園の先生方の指導の素晴らしさを感じるとともに，「小学校も頑張らねば」と思いました。

　運動会の係は５年生と６年生が行うところが多いでしょう。５年生は初めて係をします。「小１ギャップ」と同様に「小５ギャップ」のようなものがあらわれます。６年生に頼ってしまい，何をしていいかわからなくなります。頼みの６年生も昨年度と違う係になることも多く，きちんとした指導が必要となります。

　「自転車に乗れない」ことを例に考えます。原因として２つのケースがあげられます。１つは，全く乗ったことがない場合。２つ目は，以前は乗れたけど乗れなくなった場合です。

　全く乗ったことがない場合は，最初からの指導が必要です。過去に乗ったことがある場合は「乗る感覚」を思い出させることが大切です。と同時に「自転車に乗ることができた」という自信も思い出させます。

　運動会の係は後者のケースです。幼稚園や保育園で経験しているのです。その頃の記憶は鮮明に残っていないでしょうが「やった」事実は大切です。「やったことがある」記憶と，「一度はやりとげた」という自信を思い出させるのです。エピソードがあれば，当時のことを話してもらうのもよいでしょう。早く係をやりたい，という気持ちをもたせて，係決めに入ります。

係の必要性を伝える

　係を決める際にはいくつかの問題が発生します。多くの場合，次の２点です。

(1)何をする係かイメージがつかめない

(2)係によって希望者に偏りが出る

　応援団や放送係のように，内容がわかりやすい係もありますが，係のイメージがつかめていない係もあります。

　昨年度の運動会の写真や映像があれば，子どもたちに見せながら，イメージをふくらませましょう。

　係によって希望者に偏りが出る場合もあります。「昨年から応援団をやりたかった」「昨年は準備係だったので，今年は出発係をしたい」など，子どもたちの希望は様々です。学校によっては，放送係は放送委員会，救護係は保健委員会等と決められている場合があります。学校のルールを確認し，６年生なら５年生での係を前もって尋ねておくとよいでしょう。

　「先生たちが動いて放送や準備をしてもいいけど，自分たちでつくり上げる運動会にしたいよね。みんなが主役の運動会。ダンスや徒競走にばかり目がいくけど，見ている人は見ています。どの係が欠けても，運動会はうまくいきません。係によって運動会がうまくいくかどうか決まるんだよ。希望通りにならない人がいるかもしれないけど，どの係も必要だよ」と話しましょう。

　それでも，希望者が偏ることがあります。話し合いで決まるのが理想ですが，じゃんけんやくじ引きで決まることもあるでしょう。希望通りにならなかった子どもへのフォローと，希望がかなった子どもへの激励を忘れず，素晴らしい運動会にする目的を達成していくよう，盛り上げていきましょう。

（笹原　信二）

放送係・準備係の指導

放送係の楽しさと重要性

　学校規模にもよりますが，放送によって数百人が動き出します。こんなに多くの人を動かせると，気分がいいでしょう。反面，間違った放送をすると，数百人の人が間違った行動をするのです。このように，放送係の楽しさと重要性を話します。

　放送原稿をもらったら，覚えるくらいに読みこませます。可能なら，本番のようにセッティングされたところで，練習させましょう。

まずは型に入れて，型から抜け出す

　徒競走やリレー，綱引きなどは放送係が「実況中継」を行います。ここではアドリブ力が必要です。大人でもいきなりアドリブを，と言われれば固まってしまうでしょう。子どもたちは「どう言えばいいのだろう？」と不安になります。

　「〇組がリードしています」「〇組が追い抜きそうです」「足がよく上がっています」「風をきって走っています」のような，いくつかのパターンを用意しておきましょう。乗ってくると，子どもから自然な言葉が出てくるはず

です。明るく，元気に，ハキハキと放送するように励ましましょう。

準備係は「運動会の花形」であると伝える

　準備係は，いわば縁の下の力持ち
の部分になります。応援団や放送係
のように，表に出ることよりも，
「裏方」的なイメージです。人気が
ない場合もありますが，実際にはと
ても大切な係です。

　子どもたちに，以下のような理由
を話し，準備係は「運動会の花形」
だと伝えましょう。

(1)準備係が準備をしなければ，競技は始まらない。

　・競技が円滑に進むためには，準備係の活躍がかかせません。

(2)臨機応変さが求められる。

　・ゴールから必要なものを移動させる，カードを人数に応じて並べる等。

(3)じゃんけんをする，とびなわを回すなど，競技に参加する場合もある。

チームを組んで，協力体制をつくる

　5，6年生で，各2チームほどつくって，チームで準備を行うようにする
とよいでしょう。誰が，どの場所に，何をもっていくか，どんなことをする
のか，どのように動くのか，細かい計画を立てて割り当てをし，責任感をも
たせます。

　うまく行かない場合も，チームで協力して，助け合っていくように助言し
ます。

　当日の朝からテントに移動する道具も多いので，運動会当日の朝は，少し
早めに集めましょう。基本的には「準備で出した人がその道具を片付ける」
と決めておくと，スムーズにいきます。　　　　　　　　　　（笹原　信二）

出発係・決勝係の指導

出発係は「ドキドキ感」を大切に

徒競走のスタートには，何とも言えない緊張感があります。その緊張は，出発係にも伝わってきます。出発係には，この「ドキドキ感」を大切にしてほしいと伝えます。

走者と「アイコンタクト」をとるようにすると，フライングも少なくなります。

3人組でチームをつくるのがよいと思います。1人はメインで，出発のピストルをうつ。もう1人は音が鳴らなかった場合にそなえて，次の準備をしておく。もう1人はフライングがあったときに，走者をとめる役目を果たします。

一番考えておかないといけないのは安全面です。ピストルをうつ子どもと，準備をしておく子どもは，耳栓や耳当てをします。走者は耳栓をしていません。したがって，一番近い走者から10m程度はなれた場所に立って，出発のピストルをうちます。

「よーい！」の声が聞こえないといけないので，メインでピストルをうつ子どもにはマイクをもたせるのが望ましいです。「位置について」は言わずにラインに並ぶなど，学校でルールを統一しておきましょう。

正確さが大切な決勝係

　決勝係は，徒競走やリレー等で，ゴールした順番に，等旗に並ばせる役目を果たします。混乱すると，すでにゴールしたのに次の組がなかなかスタートできないことになります。決勝係は正確さが大切だと伝えます。

　最近では，ビデオを撮影して，順位が間違っていると保護者が訴えてくるケースがあると，ニュースで聞きました。よりいっそう，正確さが大切になってきています。

　6人でチームを組んで，1位から6位を誘導するのがよいでしょう。その順位にあわせた番号のビブスをつけておくと，わかりやすくなります。スタートできる体制が整ったら，白旗，まだの場合は赤旗で出発係に旗で合図するようにしておくとよいでしょう。

　ゴールテープを持つ役目もあります。あまり高い位置でもっていると，ゴールした走者の首の部分にあたることがあるので，注意しましょう。

　どちらがテープをはなすのか，しっかり決めておくことも大切です。安全面の指導は，やりすぎかな？と思うくらい十分行いましょう。

（笹原　信二）

スタートの指導

友達に差をつけるスタートダッシュ

　上手なスタートダッシュからトップスピードに乗る，これができるように
なると走りが見違えるようになり，タイムが大きく短縮されます。

　「速く走るためには，スタートが一番肝心。正しい構えを身につけ，練習
を繰り返して自分のものにすることによって友達に大きく差をつけられる
よ」と子どもたちを意欲づけて指導しましょう。

正しい構えを身につけさせよう

①真上に高く跳べる膝の角度で

　まずは，「用意」の構えです。

　子どもたちに，「真上にできるだけ高く跳び
ましょう。せーの」と声をかけてみましょう。
すると子どもは，両手を後ろに引きつけ，膝を
曲げることによって高く跳ぼうとします。この
ときの膝の角度が一番地面を強くけることがで
きる角度なのです。そこから片足を少し下げる
と，「用意」の足の位置が決まります。

②おへそとつま先は同じ方向

　前に出した脚に，体重をかけさせて力を溜めるようにします。

　このときに，つま先が斜めの方向を向いている子がよくいます。自分の体
を支えるために，つま先は体の向きと一緒，つまり進行方向を向くことを意

識させましょう。低学年の子には「おへそとつま先は同じ方向」と教えると
よいでしょう。

③一本の焼き鳥

　スタートでは，地面をけって力を伝えることが重要です。そのために，骨
盤と背中が真っ直ぐになるようにさせます。子どもたちには，「頭の先から
お尻の穴まで串を刺して焼き鳥になってみよう」というとイメージしやすい
でしょう。

　すると目線はどのあたりになるでしょうか？　身長にもよるでしょうが，
3〜5m先を見るようになるでしょう。スタートの際に，真っ直ぐ遠くの方
を見ている子や，スターターを見ている子もいます。すると，「一本の焼き
鳥」はつくれません。

　目線がどこを向くかということは，体の構えをつくるのに重要です。

自分の向上を自覚させながら練習させよう

　自分のスタートの構えが正しくできているかどうか子ども自身で確認する
ことは難しいことです。ペアの友達に確認させたり，タブレット端末で撮影
したりしてあげるとよいでしょう。

　スタート地点から10m先にラインを引き，そこまでを何歩で走れるかとい
う練習も有効です。スタートが上手になったら，少ない歩数で走れるように
なります。

　構えがよくなった，歩数が少なくなったと自分の向上を自覚させながら練
習させましょう。これが反復練習を継続する意欲につながります。

【参考文献】川本和久著『2時間で足が速くなる！―日本記録を量産する新
走法　ポン・ピュン・ランの秘密』ダイヤモンド社

（西田　智行）

真っ直ぐに走る指導

目標を定める

　真っ直ぐ走れない子どもは，目線がふらふらしています。一緒に走る友達が気になるのか，横を見たり，後ろをふり返ったりする子どもがいます。また，速く走ろうという気持ちの焦りのためか首をふりながら走る子どももいます。

　目線が定まらなければフォームは崩れるので，当然のことながらトップスピードに乗ることができません。走ることに限らず，様々な競技において「どこを見るか」と目線を固定することは上達につながる大事なことです。

　徒競走の最後の直線で，ゴール付近に「目玉の絵」を置いて，「目玉を見つめながら走りましょう」とするなど目標物を定めることが有効です。

　また，真っ直ぐ走るための体づくりとしては，低学年のときからの運動遊びが重要です。運動遊びを通して，目標をめがけて走る感覚をしっかりと味わわせるのです。以下の運動遊びは低学年児童にも好評で，喜んで取り組みます。

「新聞紙を落とさずに走ろう」

・３人組をつくる。

・新聞紙を１枚広げ，その端を２人で持つ。

・残りの１人がスタート位置から新聞紙をめがけて走る。

・走って来た子の体が新聞紙に触れたタイミングで両端の子どもが新聞紙を離す。そうすると新聞紙を体につけた状態で走ることができる。

体につけた新聞紙を落とさないためにはスピードに乗って走らなければなりません。

慣れてきたらスタート位置から新聞紙までの距離を少しずつ伸ばしていきます。子どもたちは夢中になって何度も走り，楽しみながら真っ直ぐに走る感覚を身につけられるようになります。

縦に腕を振らせる

走る際に，腕を横に振っている子どもがいます。腕を横に振ると上体がぶれてしまい，真っ直ぐに走ることができません。腕は横ではなく，縦に振るということを指導しましょう。

動作を理解させ，身につけさせる際には，子どもがイメージしやすい言葉を使うことが有効です。

（両手を包丁に見立てさせ）「空中に浮かんでいる長ネギを細かく切りましょう」という言葉がけや，（両手に小太鼓のバチを軽く握っていることを想像させて），「おなかの前に置いてある小太鼓をリズムよくたたきましょう」という言葉がけが，腕を縦に振る動作を理解させることに有効でした。

腕を縦に振ることを強調しすぎると，体の前の方のみ意識が強まります。肘を後ろに引くことも意識させましょう。2人組をつくらせて，肘が体の後ろに引きつけられているかどうかを確認させるとよいでしょう。

カーブで膨らみすぎないために

スピードに乗って走れるようになると，どうしてもカーブで膨らんでしまいます。コーナーでも自分のコースを真っ直ぐに走ることがタイムのロスを防ぐことにつながります。ここでも手の使い方がポイントになります。内側よりも外側の腕を大きく振るようにさせるのです。子どもには「バイオリンを弾きながら走るつもりで」と言うと，外側の腕を大きく振るイメージが伝わりやすくなります。

（西田　智行）

ゴールの指導

スピードを維持する走り方

　ゴール直前までくると，トップスピードに比べて，かなりスピードは落ちてきます。ここでの失速を最小限に抑えて，スピードに乗った走りを維持できるかどうかが勝負の分かれ目になります。

　中盤から後半に向けての走りでは，足が地面に接している時間を短くすることを意識させます。熱したフライパンの上を走るように小刻みに足を動かします。私は子どもに指導する際に，「アチチ走法」と名付けています。

　後半になると，スピードが落ちてくるので，自然と前傾姿勢から体を立てて走るフォームになっていきます。体が起きた状態でも，「一本の焼き鳥」をイメージして骨盤から背中まで，真っ直ぐの姿勢を保たせます。そして，リラックスして体の力を抜き，前足が着地すると同時に後ろ脚の太腿を前に出すことを意識させましょう。

ゴール後の姿

　ゴール後も競技は続いています。他のグループの子どもが走っているのです。走り終わったら，すぐに所定の場所に移動させ，観客の妨げにならないように座らせることが大切です。

　座った後で，横にいる友達とおしゃべりをしたり，ひどいときには砂遊びや，石を投げ合ったりする子どもの姿を目にすることがあります。

　頑張って走っている友達を応援するように指導することを忘れてはなりません。一生懸命に頑張る友達に，精一杯の声援を送る子どもたちの姿は美しいものです。

退場門をくぐるまでが競技なのです。退場の際にも胸を張り，前を向くように指導しましょう。ゴール後の姿も見られているのです。

失速しない体づくりは心づくりから

長距離走に比べて短距離走は「素質」がものを言うと考えられています。確かにそういう面は大きいのでしょう。

しかし，こども園のころにかけっこでビリだった私の息子（現在小学２年生）は，練習を繰り返すことによって小学校の運動会では２年連続で徒競走は１位。リレー選手にも選ばれるようになりました。自分の体に合ったフォームが身につくまで何度も何度も練習をした成果だと思っています。

このように，短距離走であっても努力次第で速くなれるのです。

それでは，運動会前に，学級の子どもたちはどのくらい走る練習をしているのでしょうか。まさか，授業の時間だけということはないでしょうか？

体育の時間に，スタートの構えや走る際のフォームを指導しても，すぐにタイムが縮まるわけではありません。登校後の時間や休み時間，放課後などに個人練習としてトラックを走らせましょう。その走り込みによって正しいフォームが身につき，走るための筋力と体力がつくのです。ゴール前での失速は最小限に抑えられるようになります。

徒競走の「ゴール」は，単にレースのゴールだけではありません。

一年に一度の，運動会というハレの舞台に立つための努力をした人にしか体験できない，達成感と充実感というゴールを目指すようにさせるのです。

「一生懸命に頑張って格好よくゴールをする姿を家族や友達に見てもらおう」と意欲付けをすることが大切です。ゴールに向けての心づくりをしっかりと行いましょう。

（西田　智行）

バトンパスの指導

バトンパスの大切さを知らせる

　2016年のリオデジャネイロオリンピックの陸上男子400mリレーでは，日本チームは銀メダルを獲得することができました。他の国には100mを9秒台で走る選手が何人もいましたが，9秒台で走る日本選手は1人もいませんでした。それでも日本のチームは勝つことができたのです。その秘密はバトンパスにあったと言われています。「日本は世界一のバトンパス」で銀メダルを獲得したのです。リオデジャネイロオリンピックの陸上男子100mの金メダリストのウサインボルトの記録は9秒81でした。では，ボルトの記録×4と，銀メダルを獲得した日本の400mリレーの記録は，どちらが早いと思いますか。（ボルトと答える子がたくさんいます）。9秒81×4＝39秒24です。日本のリレー記録は37秒60です。リレーの方が速い理由はバトンパスにあります。バトンパスは走りながらもらうので，0からスタートするのは第一走者だけです。だから，バトンパスが上手になればなるほど，バトンパスのときの減速が少なくなり，リレーのタイムが速くなるのです。

　このような話をして，バトンパスの大切さを知らせ，子どもたちのやる気を引き出しましょう。

バトンパスのポイントを知らせる

右手
L字型
前を見る

【受け取る側のポイント】
⑴右手でもらい左手に持ち直す

　いろいろな渡し方がありますが，ここでは一般的な「右手でもらって左手で渡す」とし

ています。「左手でもらって右手で渡す」という指導もあります。

(2)腕を肩まで上げて受け取る

　受け取る側の腕が低いとバトンを渡しにくいです。腕は地面と平行になる
くらいがいいでしょう。「腕は肩まで上げる」と意識させます。

(3)後ろを見ないで受け取る

　後ろを見ていると速く走れません。全速力に近い速さで受け取ることを目
標に「後ろを見ない」ことを意識させましょう。

(4)手のひらはL字型にする

　手のひらは親指と他の指を90度くらい開いてL字型にしま
す。こうすることによって，渡す側は「親指と人差し指の間
をめがけて渡す」という目標ができ，バトンを落としにくく
なります。

(5)ハイ！の声で手を出す

　渡す側が「ハイ！」と言ったら走りながら素早く手を出してバトンを受け
取ります。早くから手を出しながら走ると全速力で走ることができません。

【渡す側のポイント】

(1)右側から渡す

　バトンは左手で次の走者の右手に渡します。このとき体がぶつからないよ
うに，渡す側は次の走者の右側からバトンを渡します。

(2)バトンをグッと押し込む

　バトンを落とすことがないように，受け取る側の手にグッと
バトンを押し込むように渡します。

(3)「ハイ！」といって渡す

　渡す側が「ハイ！」と言って，受け取り側に手を出すタイミングを知らせ
ます。「ゴー」と声をかけて次の走者に走り出しを知らせ，「ハイ！」と言っ
てバトンを渡す指導もあります。

（波戸内　勝彦）

バトンゾーンの指導

　バトンパスはバトンゾーン（テイクオーバーゾーン）内で行います。運動場の広さによりますが，約10m＋約10mでバトンゾーンがつくられることが多いです。リレーは個人の走力を高めるよりもバトンゾーンの中でいかに減速をしないでバトンを渡すことができるかがポイントとなります。

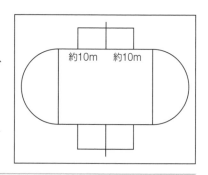

バトンゾーンの効果的な練習方法

　バトンゾーンの練習方法は様々ですが，運動会前には多くの時間を確保することが難しいです。短時間で効率よく練習する必要があります。

・手のひらをL字に開いてバトンを確実に受け取る。

・相手の手のひらにグッと押し込んで確実に渡す。

・腕を肩の高さまであげて腕がぶれないように走る。

・「ハイ！」と言ってタイミングよくバトンを渡す。

などのバトンパスの技術をスピードに乗ってできるようになることを目指します。

　そのためには一度にいくつものバトンパスの技術を練習するのではなく，まずは「手のひらをL字に」，次に「腕を肩の高さまで上げて受け取る」「後ろを見ないで受け取る」などと１つの技術に絞って繰り返し練習をすると効果的です。

1回目

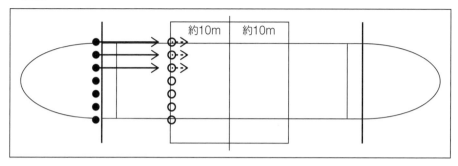

2回目

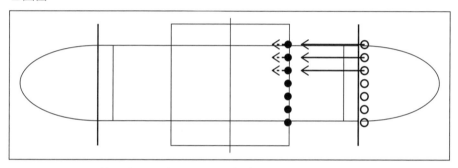

　バトンパスの練習を２人組になって直線コースで行います。１回目に●が
スタートして○へバトンパスを行います。○はリレーゾーンの範囲でバトン
を受け取ります。２回目は交代です。○がスタートして●にバトンパスを行
います。一つ一つの技術をめあてにバトンパスの練習を繰り返します。最後
は，「ハイ！」のかけ声とともにスピードの乗ったバトンパスを目指します。

ゴーマーク鬼ごっこ

　練習時間に余裕があれば，「ゴーマーク鬼ごっこ」に取り組み，全力で走
りながらバトンタッチを行う感覚を身につけるとより効果的です。ゲーム感
覚で楽しみながら行うことができます。詳しくは「ゴーマーク鬼ごっこ」で
検索をしてください。多くの実践が紹介されています。

（波戸内　勝彦）

コーナートップの指導

コーナートップとは

　コーナートップ制とは，次の走者から見て反対側のコーナーを前の走者が通過した順番にトラックの内側から並んで待つものです。通過した後に順位が入れ替わってもそのまま並ぶ順番を入れ替えずに待ちます。

　一人一周の場合は第3コーナー，一人半周の場合は第1コーナーと第3コーナーが基準になります。小学校の運動会では，一人半周の場合が多くみられます。第1コーナーと第3コーナーには目印となるコーンや旗を置きます。

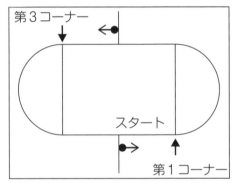

教師の配置を考える

　コーナートップの順位を見て子どもたちだけで並ぶのは大変難しいです。トラックの内側と外側に教師が位置し，子どもたちを順位通りにインコースから並ばせることが必要です。目印のコーナーを過ぎた後に順位が変わると子どもたち同士で並びを替えようとすることがあります。混乱の原因になるので並び替えないように指導します。

　また，バトンタッチが終わったスペース（インコース）に子どもたちを入れようと教師が慌てて内側に押していく場面を見ることがあります。スムーズなバトンタッチができなくなることがあるので，余裕がないときはそのま

まの位置で待たせるようにします。

　走り終わった子どもたちを座らせて待たせることも大切です。場が盛り上がり立ち上がって応援をすると，コーナートップが見えず，順位がわかりにくくなります。必ず走り終わった子どもは座って応援するように指導します。座らせる係の教師または児童を配置するようにします。

オープンコースの難しさ

　運動会のリレーのほとんどがオープンコースです。オープンコースとは決められたコースを走るのではなく，トラックの内側の線に沿って走るものです。そのため競り合ったレースや大人数のリレーの場合はバトンの受け渡しのときに混乱しがちで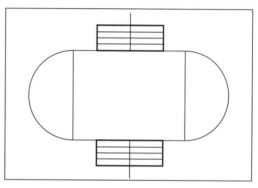す。特に，一人半周のリレーでは差が広がらず，接戦のバトンパスになりやすいです。

　私が経験した３色対抗リレーでは，６人が接戦となりバトンタッチで混乱して，せっかく盛り上がったリレーが後味の悪いものになったことがありました。また，一生懸命にバトンパスの練習をしてもそれを生かすことができなくなることがあります。

　このような状況を起こさないためには，バトンゾーンをセパレートコースにしたり，次の走者の待つ位置をラインで区切ったりして，間隔を十分に取ることを勧めます。今までの勤務校では行ったことはありませんが，このようにすると混乱が起きず，練習の成果を出せるのではないかと思っています。ぜひ，各学校で話し合って取り組んでいただきたいです。

（波戸内　勝彦）

少人数（2〜3人組）の組体操の指導

無理なく，ほとんどの子どもができる技を選ぶ

　組体操は，全体の構成上，簡易的なものから難易度の高いものへ，そして，少人数から大人数のものへと，技の配列がなされます。少人数の技は冒頭の部分にくることが多く，ここでは，あまりミスが許されません。ミスが連発すると，次への期待感が薄れるからです。また，練習を考えても，この部分で時間をあまり割くことはできません。

　そこで，少人数の技は，安全面の上でも，技自体を簡易的なものにします。

隊形で見せる

　簡易的な技でも，全員がそろっていれば，きれいに見えます。さらに，隊形や動きの順番を工夫することで，見ごたえのあるものになります。

①見栄えを考えた隊形にする

　斜線，二重・三重線，放物線，X型，円型に並ぶなど，いろいろな隊形を工夫します。また，前向きで演技したら，後ろ向きでも行うようにします。そうすると，子どもの顔がいろいろな角度で見られるようになり，観客席からのシャッターチャンスが増えるので，保護者に喜ばれます。

②次の移動がスムーズな隊形にする

　少人数の技が終われば，必ず，次の演技が待っています。次の技を行う位置までの移動も1つの演技です。いかに速く正確に移動するかがポイントになってきます。隊形を決めるときに，そこまで念頭に入れて考えておきます。

動きの順番で見せる

　少人数の技を一斉に，同じ笛の合図で行うのもよいでしょうが，ドミノ倒しの逆パターンのように，端っこからだんだんと完成させるのも見応えがあります。中心から両端にだんだん完成していくというのも一工夫です。シンプルな技であるからこそ，動きの順番を工夫することが大切です。

体の大きさを考えてメンバーを組む

　実際にペアやメンバーを考えるときには，子どもたちの体の大きさも考慮に入れます。あまりにも体格差があると，見栄えもよくないし，技が完成しないこともあります。小柄な子どもが無理をして大柄な子どもを支え，けがをすることもあります。基本的には，体格差がない者同士で組みます。ただし，「肩車」のように，相手を担いだり，持ち上げたりする必要のある場合は，あえて体重差の大きいペアやグループにし，軽い子どもを上に乗せます。

補助の仕方を工夫する

　正規の方法で技が完成すればよいのですが，うまくいかないところもあります。そのときには，補助の仕方を工夫します。

　例えば，補助倒立。右のイラストのように補助する側が，相手の側面に位置し，相手が上げる足全体を抱えるように補助します。こうすれば，倒立する側は垂直まで足を上げる必要がありません。補助者が立ち位置を移動しながら，両足の足首を持つようにすれば，補助倒立の最終形になります。（補助を解除するときは，倒立者に合図をおくり，ゆっくり手を放すようにします）。

　このように，無理のない補助の仕方を工夫することが大切です。　　　　　　　　　　　　　（高本　英樹）

ピラミッド系の組体操の指導

姿勢を考える

　ピラミッド系の技で大切なのは，支える側の姿勢づくりです。上から力が加わっても崩れない姿勢を保つことは，安全上とても重要です。下記のポイントを指導し，さっと姿勢がとれるよう繰り返し練習をさせましょう。

①背中の形

　背中が丸まってはいけません。そのためには，顔を正面に向け，腰を少し下げ（腹を地面方向に突き出す），背中が少し反るような形にします。

②手のつき方と足の位置

　手の平をしっかり開き，中指が正面を向くようにつきます。すべての指の第2関節が浮くぐらい，しっかり指先に力を入れます。両手をつく間隔は，肩幅くらいです。あまり広すぎると隣の人と肩を寄せることができません。

　ひざは直角に曲げ，腰幅に開いてつきます。つま先でしっかり地面をとらえるようにします。

③肩と腰の位置

　支える側は，隣同士の肩と腰を寄せ合い，すきまがないようにします。これが支えるときの安定感につながります。ただし，肩をくっつけるために，右の写真のように腕を交差させるの

は危険です。もしも崩れたときに，けがをする場合があります。

乗る位置を示す

　2段目，3段目に乗る人は，1段目の人の背中のどこに手や足をつくのかを，明確にします。手は，相手の肩甲骨あたりにつきます。膝は腰の上に乗せます。右の写真のように，手や足をつく位置を示してあげると，わかりやすいです。

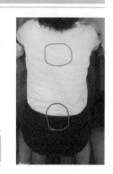

高さを考える

　安全を最優先した高さに設定しましょう。小学生なら，3段までが適当です。また，3段目の子が立ってポーズをとる場合がありますが，落ちたときには危険ですので，膝を折って腰を伸ばす程度にしておきます。

崩し方を考える

　昔は，「ピッ」という笛の合図で，3段のピラミッドが一気に，ぺちゃんこに崩れるのが見所ではありましたが，組体操への安全性の配慮が叫ばれていることを考慮すれば，上から順に崩すほうがよいでしょう。

負荷のかからないピラミッドを工夫する

　最近は，「クイックピラミッド」とか「ウィングピラミッド」のように，支持者にあまり負荷がかからなくて，見栄えもする技が紹介されています。そういった技を選択するのもよいでしょう。

　一斉に組みあがったり，ウェーブのようにだんだんと組みあがったりと，観客にインパクトを与えることもできます。

（高本　英樹）

7　組体操の指導

タワー系の組体操の指導

支える側のこつを教える

　タワー系の技では，最下段や中段の人の体が常に安定していなければなりません。そこで，しっかりとした姿勢づくりを指導する必要があります。

　まずは，足の開き具合や向きです。足がそろっていたら不安定になります。足は肩幅よりも広くとります。また，足先が内向きになっていると力が入りません。足先が外向きになるようにします。この状態で，膝を使って真っすぐ立つようにします。おしりを上げるような立ち方をしてはいけません。上に乗っている人のバランスをとりながら，ゆっくり立つようにします。

乗る側のこつを教える

　中段や最上段の人は，体重が軽いだけでなく，体幹がしっかりしていて，高さ感覚やバランス感覚に優れた人を選びます。その上で，次のような指導をします。タワーの組み方により，支える側のどこに足を置くかが変わりますが，だいたいは，首の付け根から肩にかけてか，腰の上あたりになります。ただし，相手が痛がる場所がそれぞれありますので，乗ったときに痛くないところを尋ね，そこに足を置くようにします。

　そして，バランスをとりながら，ゆっくり立ち上がるようにします。間違っても，後ろに体重をかけてはいけません。

段ごとに練習する

　3段の場合だと，まずは最下段，中段と，それぞれの段で練習をします。その後，最下段と中段，中段と最上段が練習します。（立つ練習だけではな

く，しゃがむ練習も必ず行います）。それぞれの息が合ってきたら，全体を組み合わせるようにします。（なお，タワーを崩す場合は，最上段から順にしゃがんでいき，３段ともしゃがんだら，最上段から下りるようにします）。

声をそろえる

それぞれの段の人が，同じタイミングで同じ高さを保ちながら立たなければなりません。そのためには，「１，２，サン！」のように掛け声をかけてから動くようにします。教師の笛の合図があったとしても，その後の掛け声は必ず行うようにします。

補助者をつける

組み方によっては，２段の場合でも補助者をつけるようにします。必ず前後につけるようにします。

高さや組み方を考える

タワー系では，例え２段でも事故が起こる場合もありますので，何段が安全かということは言えません。あえて言うなら，小学校では３段までで十分でしょう。何段にするにせよ，基本は，上に乗る人の片方の足に１人が，両足では２人が支えになるようにします。

また，以下のように，人数や組み方を工夫してリスクを少なくした技もあります。このような技を選択し，安全を確保することも考えましょう。

（高本　英樹）

つなひきの指導

子どものやる気に火をつける

次のように子どもたちとつなひきを出合わせます。

---

(1)運動会の種目がつなひきになったことを伝える。

(2)小学生つなひき全国大会の動画を見せる。

(3)チームが勝つコツを考えさせる。

全国大会の動画は，つなひきの新しい一面を子どもたちに気づかせてくれます。子どもたちの心が「つなひきってかっこいいかも」「つなひきっておもしろいかも」と動いたところで，「つなひきで，チームが勝つには，コツが３つあります。３つのコツとは何でしょう」と言って考えさせます。

３つのコツとは，①つなをひく技術　②チームワーク　③体重　です。

３つのコツを紹介した後，チーム表を見せながら，チームの合計体重が同じになるように分けたことを伝えます。そして，次のように声をかけます。

「どちらのチームも合計体重を同じにしました。どちらのチームもつなを上手にひく技術もチームワークも，まだありません。ですから，現在は，引き分けなのです。チームが勝つか負けるかは，明日からの練習にかかっています。チームの成長が楽しみです」

このような出合わせ方をすれば，あらかじめ勝つチームを予想して練習に興味をもてない子も意欲的に練習に参加させることができます。

つなをひく技術を教える

つなを上手にひく技術（ポイント）は５つあります。

---

(1)前から背の高い順に並ぶ。最後は１番背の低い子にならないようにする。

(2)先頭から最後まで，つながまっすぐになるように意識してひっぱる。

(3)右利きの人はつなの左側にならぶ。（つなをひきやすい方でもよい）

(4)つなをひっぱるときは，両手を内側に絞るようにする。その際，脇でしっかりとつなを挟む。

(5)つなをひっぱるときの姿勢は，左右の肩を後ろにさげ，背中をそり，胸を前に突き出すようにする。

以上の技術を子どもが「できた」と実感できるように，一つずつ丁寧に指導します。教師の言葉による説明だけでは伝わりにくいので，動画とセットにして指導をするとよいでしょう。

『縦つなひき』の紹介

勤務校は１学年４学級です。このような場合，チーム分けや練習時間の確保が難しくなります。そこで，『縦つなひき』を取り入れています。『縦つなひき』とは，つなを東西に置いた場合，紅組が北，白組が南へ引っ張るつなひきです。つなから５メートル程離れた場所に平行な直線を引きます。笛の合図とともに，決められた場所からつなまで走って向かい，つなの一部を直線まで，先にひいた組の勝ちです。

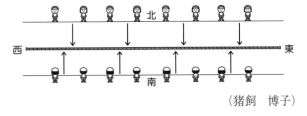

（猪飼　博子）

玉入れの指導

玉を上手にかごへ入れるポイント

　玉入れは，1つでも多く，かごの中へ玉を入れたチームが勝利をする競技です。では，できるだけ多くの玉をかごの中に入れるには，どうすればよいでしょうか。ポイントは2つあります。

---

(1)かごの中に入るように玉を投げる
(2)投げる玉を素早く手に取る

　子どもたちに問うと，(1)はすぐに思いつくのですが，(2)は気づかないことが多いです。

　子どもたちの意識は，投げた玉がかごへ入るかどうかにしか向いていません。だから，落ちている玉を仲間で譲り合い，投げる玉を確保する，ということに意識が向けられないのです。

　子どもたちが，競技中に2つのポイントを意識できるようになれば，かごの中へ入れる玉の数はぐんと多くなります。

かごの中に入るように玉を投げる方法

　かごの中に入るように玉を投げる方法は，かごの真下から下手投げで投げるということです。投げる場所が決まっていない場合に限ります。かごの真下から投げる場合が，かごまでの距離が1番短くなるからです。

　真下から投げることは，もう1ついいことがあります。かごに入らなくても，自分の近くに玉が落ちてくるので，すぐに玉を拾うことができるのです。

子どもたちは，玉を拾った場所から玉を投げたがります。早く投げた方が多くの玉を投げられ勝利に近づくと考えているからです。

真下から投げるよさに気づかせるために，遠い場所から投げる場合と，真下から投げる場合と両方を体験させるといいでしょう。

投げる玉を素早く手に取る方法

投げる玉を素早く手に取る方法は，落ちている玉を味方同士で取り合わないことです。取り合っている時間が無駄なのです。低学年の子どもたちは，教師が教えないと，この点に気づくことができません。

そこで，次のように話をします。

「今から2つの絵を見せます」と言って，玉を譲り合っている子どもたちの写真と玉を奪い合っている子どもたちの写真を提示します。そして，「どちらも玉入れの写真ですが，どちらのチームが勝ったと思いますか？」と尋ねるのです。子どもたちは，2つの写真から，譲り合うことのよさと奪い合うことの無駄に気づくでしょう。

アレンジ玉入れの紹介

運動会の各競技では，運動量の確保が求められます。学級数が多い学校は，一度に多くの子どもたちが競技に参加することができません。そこで，まずは1・2組から玉を投げる，というように交代で行います。その間，3・4組の子どもたちは待っている時間になります。この時間に音楽をかけてダンスをするようにすると，運動量を確保することができます。　　（猪飼　博子）

騎馬戦の指導

騎馬戦指導の２つのポイント

騎馬戦は，運動会で取り入れられる他の競技と比較すると，大きく異なる点が２つあります。

---

(1)大きなけがをする可能性が高い

(2)２種類のチームワークが必要

以上の２点は，他の競技指導では，子どもに学ばせることができない視点です。ですから，騎馬戦を指導する際，特に力を入れるポイントと言えます。

けがを防ぐための指導

騎馬戦は，３，４人で１つの騎馬をつくります。馬の上に乗る子どもが落下してけがをすることのないように，騎馬のつくり方と騎馬への乗り方を丁寧に指導します。

まず，騎馬になる３人がしゃがみます。そして，後ろの騎馬になる２人は，内側の腕をお互いの腕が交差するように重ね，内側の手を前の馬の肩に置きます。後ろの騎馬は，外側の手を前の騎馬の手と絡めるようにしっかりと握ります。騎馬になる３人は，どんなときも離れないように気をつけます。３人が離れると，騎馬に乗る子どもがバランスを崩して落ちてしまいます。

騎馬に乗る子は，３人に「上に乗るよ」と声をかけてから乗らせるように
します。このとき，上に乗る子は，まだ，自分の足を騎馬になっている子の
手の上に乗せません。騎馬が立ち上がってから，足を騎馬の手の上に乗せま
す。騎馬の３人には，「せーの」と声を合わせながら立ち上がらせるように
します。声を出させることで，騎馬に乗る子どもに，騎馬が上にあがるとい
う心の準備をさせることができるからです。

　安全に楽しく競技を行うために，３人が常に声を掛け合うように指導をし
ます。騎馬の上に乗る子が肩を叩いたら，騎馬の前の子は速度を弱めたり止
まったりする，というようなルールを仲間で決めさせるのもよいでしょう。

２種類のチームワークを強化させる指導

　騎馬戦は，２種類のチームワークの強さが勝敗を決めるといってもいいで
しょう。２種類のチームワークとは，

---

(1)騎馬間（チーム全体）のチームワーク
(2)各騎馬を構成するメンバー間のチームワーク

です。

　(1)を強化させるためには，誰がどの騎馬になるのか，誰が騎馬の上に乗る
のか，といったことを教師が決めるのではなく，子どもたちに考えさせ，決
めさせることです。

　子どもたちは，「自分が所属するチームが勝つためには」という相談を通
して，チームの仲間との関係を深めていきます。また，子どもたちの意識が
チーム全体に向けられるようになります。

　(2)を強化させるためには，子どもが騎馬をつくって走る練習や，安全に素
早く動き，帽子を多く取る作戦を考える時間を多く設定することです。

　子どもたちが進んで練習や作戦会議をしたくなるように，同じチームの騎
馬同士で競わせてもよいでしょう。　　　　　　　　　　　　　　　（猪飼　博子）

応援リーダー・応援団長の心構えの指導

リーダーは，みんなの模範である

　応援リーダーは原則として，立候補で決めます。誰かにやらされていやいや務まる役ではありません。ただし，応援リーダーをすることによって6年生としての自主的・自律的な力がグンと伸びます。そんな心構えをもたせながらリーダーの心構えを指導します。

①やる気のある人を立候補させる

　「いよいよ運動会の準備が始まります。それぞれの集団（色）にリーダーが必要です。やりたい！という人は立候補してください。自信がなくてもかまいません。リーダーをすることによって力がつくのです。ほんのちょっとでも，やってみようかな，と思ったらぜひ立候補してください」

　このように，声をかけます。立候補の人数が多ければ，学級や学校の実態に応じてじゃんけんや先生の指名で決めてもよいでしょう。いずれにしても，立候補による自らの意思表示がリーダーとしての心構えを育てる第一歩です。また，以下のような応援リーダーとしての「心構え3か条」を立候補を募る前にあらかじめ示してもよいでしょう。

・いつも元気で全力を出すべし

・やらせる前に，自分がやるべし

・日常生活もリーダーであるべし

---

②リーダーとして日常生活を送らせる

　運動会のリーダーは，下級生全体の目に留まる存在になります。普段の学校生活の中でも低学年から「あっ，応援リーダーの○○さんだ」と声をかけられることも出てきます。ですから，日常生活もリーダーとして恥ずかしくないふるまいをするように指導します。

　「君たちは，応援練習などで下級生から顔を覚えられています。ですから，普段の学校生活でも，手本となるように生活します。例えば，ろうかを走らない，身だしなみを整えるといった目で見えることだけでなく，勉強を頑張る，宿題をきちんと行うといったことも大切です。そうした姿を見た下級生が『素敵だな。わたしたちも一緒に頑張ろう』と思うのですよ」

応援団長への指導

　応援団長は，応援リーダーの中の代表となる一人です。「応援団長は，みんなの前に立ったら自分は先生だと思いなさい。君の指示でみんなが動きます。その代わり威張ってはいけませんよ」と，みんなを動かす大事な役割であることを教えます。一方で，リーダーには「団長とは大変な役割です。団長が安心して下級生に指示ができるにはリーダーの助けが必要です」と団長だけに責任を押し付けないようにします。これで応援団長が安心して下級生の前に立つことができます。もちろん「先生も困ったら相談に乗るからね」と助言しておきます。その上で，次のような心構えを伝えておくとよいでしょう。

　・声はとにかく大きく出すべし

　・常に堂々とするべし

　・自分は先生だと思うべし

（広山　隆行）

応援練習の指導

団長の声で全体を動かす

応援練習は，できるだけリーダーや応援団長を前に立たせ，教師は横や後ろで見守っているようにします。教師が前に出て指導すればするほど，リーダーや応援団長のやる気は失せていきます。

> ポイントは，リーダーや応援団長の声で全体を動かすことです。

「応援合戦の練習を始めます」と，声がかかった瞬間から子どもたちの練習を任せます。「５年生の声が小さいなぁ」「こぶしを挙げるときのひじが曲がっているなぁ」など，その場で指導しておいた方がいいなぁということを感じた場合，リーダーや応援団長を呼んで「こぶしを挙げるときのひじが曲がっているから，みんなに注意した方がいいですよ。遠くからの見た目が違います」と頃合いを見計らって伝えます。そして，リーダーや応援団長が「ちょっと聞いて下さい。応援歌の振付のことなんだけど……」と全体へ指示させます。

リーダーや応援団長の指示を踏まえて，個別にできている子どもをほめたり，できていない子どもを指導したりしていきます。

それでは，教師の出番はどこでしょうか。それは，応援練習の最後です。ひと言，その日の練習でよかったことを伝えましょう。気持ちよく応援練習を終えることができます。悪かったことを伝えても，次の練習には誰も覚えていません。どうしても指導しておきたいことは，応援練習前にその日のめあてとして伝えておきましょう。

時間通りスタートする

　応援合戦の練習の流れは，あらかじめリーダーや応援団長につくらせておきます。それでも下級生は時間通り集まらないことがあります。そんなとき，みんながそろうのを待っているのは時間がもったいないです。

　　ポイントは，時間になったら声を出させることです。

　「静かにして下さい！」と大きな声を出し，全員がそろってから始めることがあります。それも大切なことですが，応援練習の時間は限られています。ですから時間になったら，いきなり「全員起立！応援歌第一を歌います！」と，みんなを歌わせてしまいます。歌い終わったら，自然と静かになっています。改めて「これから応援合戦の練習を始めます」とスタートします。

　集合に向けてのんびりしていた子どもたちも「やばい！　応援練習始まっている」と思って急いで集まるはずです。

　時間になったらすぐに始めることが，練習を有効にさせます。

　また，途中，どうしてもリーダーや応援団長が話し合いをしなくてはならないときもあるでしょう。そんなときは，誰か1人を下級生の前に立たせて歌の練習をさせておき，その間に緊急の話し合いをさせます。

　できるだけ下級生に空白の時間を設けないようにします。

（広山　隆行）

応援合戦の指導

声を出す

応援合戦の基本は声がどれだけ大きいかが勝負です。どんなに工夫された応援の振付があっても，声が小さければよい評価が得られることはありません。そこで，

> 本番前に事前に大きな声を出しておきます。

応援合戦が始まる前に「頑張るぞ！」「お～！」だけでもいいので声を出しておくと，応援合戦の最初の歌も歌いやすくなります。さらに，応援合戦に向けた気合も入ります。

始まる前も終わった後も応援合戦のうち

応援合戦は，自分たちが応援している時間だけではありません。他の組が応援している間や自分たちの応援の始まる前や後の姿勢も大切です。

ですから，

> 自分たちの応援時間の前も後も，応援合戦のうち

と考えて事前に指導しておきます。姿勢正しく待つことも大事な応援のうちであると教えておくのです。「応援合戦は，応援の時間だけではありませんよ。待っている姿は，審査員や保護者も見ています。集合するときや，応援合戦が終わって自分たちのテントに戻るまで，すべて応援合戦だと思って行

動しましょう」と声をかけておきます。

何があっても最後までやりきる

応援合戦の本番は，どれだけ十分に準備していても何が起こるかわかりません。そこで，

> どんなことがあっても，最後までやりきる

ことを応援団長に伝えておきます。

例えば，応援用の小道具が壊れたり，忘れてしまったりすることがあるかもしれません。低学年がトイレに行ったり，けんかが始まって泣いたりするかもしれません。急に強い風が吹いて来たり，雨が降ってきたりするか

もしれません。それでも，何事もなかったように続けるのです。審査員も保護者もそこでどんな対応をするのかを見て評価してくれるはずです。先生ももちろん手助けをすることを伝えておきます。

本当はない方がいいのですが，実際にはどんなハプニングが起こるのかわかりません。そんなことも踏まえて，普段からの練習は「応援合戦の本番は，練習したことしかできません。練習のときにできなかったことが本番で急にできたり，うまくなったりすることはありません。ですから，普段の練習こそ，本番のつもりでしっかり練習するんですよ」と，練習の段階から本番を意識させます。

（広山　隆行）

運動会は「春」？「秋」？

　運動会の開催時期は，地域の産業が関係していることがあります。稲作農家が多い地域だと，収穫期と重なるので春にしたり，お茶農家が多ければ，5月は茶摘みがあるので秋開催の方が都合がよかったりします。

　最近は，熱中症予防のため，9月の残暑を避けて春の開催にする地域も増えてきました。もっとも，最近は5月でも真夏並みの気温を記録する日もあるので，一概に春の方が涼しいとは言えません。

　学級編成をしたばかりの学級が早くまとまりやすいという意味では，春の運動会もよさそうです。しかし，1年生が多少複雑な演技や競技をしたり，6年生が応援リーダーとしてその集団（色）をまとめるための準備期間を取ったりすることを考えれば秋の開催がよいでしょう。

　毎日新聞（2019年5月25日付）によると，大同大（名古屋市）の渡辺慎一教授と名城大（同）の石井仁教授が2013〜15年に，ホームページで運動会の開催日を公開している小学校1万620校（全小学校のほぼ半数）を調べたところ，7月以前の「春」開催が54.3%，8月以降の「秋」開催が45.7%という結果が出たそうです。春に開催する学校の割合が90%を超えた都道府県と，秋に開催する割合が90%を超えた都道府県は次のとおりです。

春開催が90%以上…北海道，青森，岩手，宮城，秋田，福島，新潟
秋開催が90%以上…群馬，山梨，滋賀，愛媛，宮崎，鹿児島，沖縄

　北海道や東北地方に春の開催が多いのは，稲作と関連がありそうです。
　春と秋，どちらもメリット・デメリットがあり，最終的には学校が判断をします。みなさんの学校では，春と秋，どちらでしょうか？

第 **3** 章

運動会指導を
さらに円滑にする
アイデア

運動会気分を盛り上げる
アイデア

スローガンに合うイラストを公募する

　運動会のスローガンの活用とい
えば，代表委員会で決めて当日大
きく掲示したり，プログラムに印
刷したりするなどは，どの学校で
も行っていることでしょう。それ
をさらに進めてスローガンととも
にプログラムに印刷するイラスト
を，子どもたちから募集するとス
ローガンが浸透しやすくなります。
イラストの募集，選定は掲示委員

会に担当してもらっています。選ばれたイラストはプログラムに印刷します
が，私の学校では惜しくも選ばれなかったイラストを運動会当日に運動場に
掲示するようにしています。掲示委員会が工夫を凝らして掲示してくれるこ
とで，保護者からも大変喜ばれる取り組みとなっています。

当日，スローガンの掲示を見てもらう

　子どもたちが決めたスローガンを掲示する方法はいろいろありますが，運
動場に面した校舎の窓ガラスに１文字ずつ貼り付ける方法が手軽でおすすめ
です。大きな紙を用意する必要がなく，１枚に１字なのでたくさんの子ども
たちが参加することができます。こちらも掲示委員会の子どもたちにつくっ
てもらい，校舎３階の窓ガラスに貼り付けて，運動会当日もスローガンを意

識させるようにしています。

また，子どもたちのアイデアで最近「なんちゃって聖火」という取り組みも始めました。代表の子どもが，手づくりの聖火を持って入場行進をし，最終聖火ランナーがスローガンの横にある聖火台に点火をするというものです。2020年の東京オリンピックを意識して始めた取り組みですが，開会式にみんなで聖火を見上げると，スローガンを再確認するだけでなく，ちょっとほのぼのとした気分になります。この聖火を，聖火リレーよろしく1年生から順番にまわしてみたり，聖火を囲んで学級で写真を撮り，フォトコンテストをしてみたりと，楽しく運動会気分を盛り上げるツールとして活用しています。

関係ないものもすべて運動会にこじつけてみる

掲示委員会が掲示用スローガンの作成や，イラストコンクールを担当していますが，他の委員会の活動も運動会にこじつけて，対戦形式で取り組むと大変盛り上がります。図書委員会が企画する，どれだけたくさん本を借りたか「図

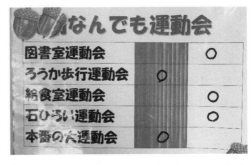

書室運動会」。安全委員会が廊下歩行のルールが守れているかチェックする「廊下歩行運動会」。給食の残食の少なさを競う，給食委員会主催の「給食室運動会」。運動場整備も対戦形式で楽しく行った，美化委員会の「石拾い運動会」。それぞれの結果が，お昼の放送で流されるたびに，各教室から歓声や悔しがる声が聞こえてきます。各学校の委員会活動を生かして，いろいろな企画を考えて取り組んでみてはいかがでしょうか。 　　　（庄司　仁美）

特別支援が必要な子どもが，テーマを身近に感じるためのアイデア

スタートは，運動会への意欲を生み出すことから

　特別支援が必要な子どもにとって運動会は，とても苦手意識が高い学校行事です。なぜなら，運動が得意な子どもは別として運動会練習が全校練習・総練習・学年練習・応援練習など多岐にわたり指導内容も多く，子どもにとっては全く見通しが立たないばかりか我慢することもとても多いからです。

①支援のポイントは，「みんなが違う」を理解する

　読者の方々がこのページを読む際は，自分の学校に在籍する特別な支援を必要とする子どもに，個別の支援を行っている場面を思い浮かべながら読んでいることでしょう。ご自身が勤務する学校の子どもたちを思い出すとわかるでしょうが，支援のポイントは，皆同じではありません。

　具体的に言えば，通常学級で算数のプリントをさせる場合，支援が必要な子どもが数人いたとします。同じわからない問題でも声をかけるタイミングは違います。また，同じ躓きでも子どもにわかりやすく説明する言葉が違います。その数人に全く同じ説明ということはありません。各自のポイントとする押さえどころは，それぞれの学びの過程で皆違っています。

　それは，「運動会のテーマを身近に感じるための手立て」の場合も同じです。個別の支援のポイントは，重度軽度に関係なく皆違っているのです。これは，わかっているようでわかっていないことが多いです。加えて，運動会関連の様々な活動を通してモチベーションを維持し続けられるかが重要なことになります。

②運動会のテーマを低学年でもわかる言葉で説明する

　特別支援が必要な子どもからは，運動会練習でどんなことを頑張っているのかを聞き取ります。その頑張りは，運動会のテーマが目指していることに直結していることに，一人ひとりと対話をしながら気づかせていきます。例えば，テーマが「絆！　全力疾走で勝利への道」だとします。難しい言葉は簡単な言葉にして話します。「みんなで力を合わせ，ゆうしょうすること」などと話し，個々の子どもの頑張りとテーマをつなぐようにします。

テーマとのつながりは新学習指導要領の「特別活動」を念頭に置く

　子どもとの対話は，以下のことを念頭に置いてします。

　第3　指導計画の作成と内容の取扱い　1(1)抜粋「特別活動の各活動及び学校行事を見通して，その中で育む資質・能力の育成に向けて，**児童の主体的・対話的で深い学びの実現**[1]を図るようにすること。（中略）様々な集団活動に自主的，実践的に取り組む中で，**互いのよさや個性，多様な考えを認め合い**[2]（後略）」（学習指導要領　第6章　特別活動，強調・下線は筆者）

　下線1の部分を意識しながら教師との対話で掘り下げることによって，メタ認知となります。さらに下線2の部分は，特別な支援が必要な子どもが学級集団で「ふり返り」をする際に意識します。「ふり返り」は，本番の運動会までに最低2回ぐらい行い学級集団を自分たちで改善していきます。

　教師と本人の対話で出てきた頑張りの結果や記録などは掲示物として貼ったり，高学年ならふり返りカードを使ったりして自分の課題や反省点を記入し次回の練習時に意識させるようにします。

　テーマと自分の課題について意識できるようになれば，本番の運動会までの課題の改善をしながらモチベーションを維持できます。

（深山　智美）

全体のテーマ（スローガン）を一人ひとりの目標にするアイデア

運動会のテーマ（スローガン）を自分だけのテーマにする

運動会には，6年生を中心に決めたテーマ（スローガン）が掲げられることが多いことでしょう。その決め方は様々あるとしても，一人ひとりの子どもにはなかなか生かされていません。そこで，学校のテーマ（スローガン）を具体的でわかりやすいものに自分の言葉で表します。

例えば，「ファイトだ！○○っ子　心を一つにつき進め！」という学校のテーマ（スローガン）があるとします。全体には，運動会を行う際に，このテーマ（スローガン）を意識しながら指導していきます。ただ，このテーマ（スローガン）だけだと，いろんなイメージを捉えることができる反面，大きすぎます。そこで，具体的に，今回の運動会で何を頑張ろうと思うのか，子ども一人ひとりに小さく限定させてあげます。

①テーマについて子どもに問い返す

まず，学級全体でテーマ（スローガン）についてふり返ります。

「『ファイトだ！○○っ子　心を一つにつき進め！』ってどういうこと？」

このように問い返し，「ファイトってどういうこと？」「心を一つってどういうこと？」「つき進めってどういうこと？」と聞いていきます。

すると，「ファイトっていうのは，全力を出すということ」「みんなを応援すること」「心を一つっていうのは，みんなが協力するっていうこと」「負けても文句を言わないっていうこと」「つき進めっていうのは，あきらめないっていうこと」といったより具体的な意見が出てきます。テーマ（スローガン）をできるだけわかりやすい言葉に置き換えてあげます。

②大事だと思う言葉を選ぶ

「今，みんなが言ってくれた意見をもとに，どれを一番大切だなぁと思いますか？」と聞きます。簡単に言うと「ファイト」「心を一つ」「つき進め」という言葉のどれを一番大切にしたいのかを聞きます。ここでは，それぞれの子どもの性格や運動会への意気込みが表れます。

③自分だけの運動会テーマ（スローガン）をつくる

そして，「それでは，自分だったら今年の運動会でここを頑張ろう！って思うことについて短く書いてごらん」と自分の頑張ることについて短く書かせます。これが自分だけの運動会テーマ（スローガン）になります。

④自分だけの運動会テーマ（スローガン）活用法

せっかくつくった自分だけのテーマ（スローガン）は，見える形で示しておきましょう。いくつかアイデアを示しておきます。

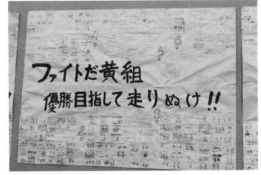

・八つ切りの画用紙にテーマと絵を書いて旗のように並べて飾る。（写真右上）
・運動会の案内文に，ぼくはこれを頑張る！という欄をつくり，書いたものを保護者に渡す。（写真右下）

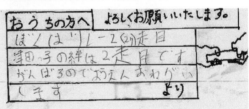

など，いろいろ工夫できます。

（広山　隆行）

振付指導のアイデア

「キレ」を意識すれば演舞は変わる

　運動会の応援団の振付は，各学校で伝統的に受け継がれている演舞があるでしょう。しかし，同じ演舞であっても，見栄えのするものと，そうではないものがあります。違いは動きの「キレ」です。どんなすばらしい振付であっても，動きに「キレ」がなければ，迫力のある演舞にはなりません。小学生に「キレ」を意識させるためには，いくつかのポイントがあります。

①静止するときの動作

　運動会本番の応援団の演舞は，運動場をいっぱいに使って大きく動き回るものですが，止まるときの動作をきちんと揃えるように指導しましょう。はじめのうちは，動いているときの動きを完璧に揃えるより，静止の動きを揃えるほうが指導もしやすく，全体の気持ちも合わせやすいでしょう。太鼓の音に合わせてぴたっと静止することはもちろん，静止の際の姿勢にも気を配ります。基本の立ち姿勢は，

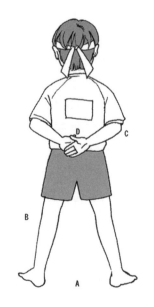

A　足を肩幅くらいに広げ，爪先は外向きにする

B　膝は伸ばす

C　肘をはる

D　掌は腰の後ろで重ねる

で統一します。また腰を落とした姿勢は，

E　こぶしは指を上向きにして，腰骨に当てる

F　腰は真下におとして胸をはる

と指導します。動いていないときに姿勢が揃っていることは，次の動きの準備としてもとても大切です。

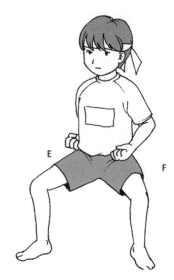

②動作を止めるときには力を入れる

　応援団の演舞の中では手の振付がとても多く，これをきれいに見せるとかなり見栄えのする演舞になります。しかし，どんなに型どおり動いていても，ただ間違うことなく上手に動いただけでは，「キレ」のある演舞とはいえません。ポイントは動作を止めるときです。止める一瞬に，拳や指先にまで力を込めて，ぴたっと止めることを意識させます。たったそれだけですが，演舞の間中，意識し続けることは大変ですし，体力も要ります。初めから身につけるべきこととして，繰り返し指導することが必要です。

温故知新で伝統をつなげていく

　応援団の演舞は，代々受け継がれている学校もあります。気分を一新して，全く新しい振付を流行のダンスを入れて一から考える場合もあるかもしれません。しかし，それぞれの学校の伝統をつなげていくために，私はあえて受け継がれている演舞を，丁寧に指導するようにしています。それが子どもたちの愛校心にもつながると思うからです。同じ動きであっても，「キレ」のある演技ができるようになり，それをビデオで確認すると，子どもたちのやる気もぐんと上がります。

　温故知新，応援団だからこそこだわりたいと思っています。

（庄司　仁美）

応援歌の指導のアイデア

応援歌の指導のポイント

応援歌とは,

流行している CM ソングや J ポップなどを,自分の集団（色）を鼓舞する替え歌にして,競技中に歌ったり,応援合戦のプログラムの1つとして歌ったりする歌

です。応援リーダーが曲を選び,替え歌の歌詞や振付を考えて下級生に教えながら練習をします。この縦割り活動が,学級や学年だけの活動にはない有意義な体験になります。子どもたちが主体的に取り組む活動ですが,担当教師が様子を見ながら適切に指導を入れないとうまくいきません。ポイントは,

曲選び,替え歌の歌詞,振付を考える際に,「低学年の視点」をもたせる

ことです。高学年は自分たちのお気に入りの曲を選んだり,自分たちが面白いと思う歌詞や振付を考えたりします。しかし,1年生にとってはなじみのない曲であったり,歌詞や振付が難しかったりするのです。それでは,低学年は覚えられません。「1年生は,この曲知っているかな？」「その歌詞,1年生には難しくない？」などと声をかけて,低学年の視点で応援歌を考えていくようにさせましょう。

応援歌の指導のアイデア

①応援グッズで応援歌を盛り上げるアイデア

　応援歌を歌うときに，応援リーダーや，集団全員が何かを手に持って歌うと盛り上がります。代表的なものに，次のようなグッズがあります。

> ・ペットボトル　　・ボンボン　　・うちわ

　ペットボトルを叩いて音を出したり，タフロープを割いてつくったボンボンを手に付けて振ったりします。うちわは，1枚に1文字ずつ文字を書いて，曲の最後に文字を出します（「赤（または白）」「組」「勝」「つ」「ぞ」など）。
　曲に合わせてタオルを振り回すのも目立ちます。タオルはグッズ作成の手間がかかりません。また，数m分の紙テープを5〜6色分，手の中に入れておき，サビの部分で一気に手から放つのも観客にインパクトを与えます。

②練習のアイデア

　応援歌は応援練習の際に練習することが多いので，その集団（色）全員で行うことが多いです。しかし，人数が多いと一人ひとりの声や動きがよくわかりません。そこで，全員ではなく，学年別の練習が効率的です。

> 　応援リーダーが2〜3人ずつ，1〜5年の五か所に分かれて，それぞれ歌や振付のポイントなどを指導したうえで練習をします。

　全体で応援歌の練習を行うと，応援団長や副団長など中心メンバーに任せきりの子もいますが，このように「〇年生の担当」と役割を決めることで，一人ひとりに責任感を生じさせます。ただし，すべての集団（色）が同じ時間帯にこの方法を行うと，練習場所が多く必要になります。

団長・副団長への指導の
アイデア

応援をする意味に気づかせる

　応援団長や副団長になった子どもたちに，なぜ団長や副団長になったのか
と聞いてみると，「かっこいいから」「目立ちたいから」という理由がよく返
ってきます。残念ながら「誰よりも一生懸命に応援したい」「応援したい気
持ちを盛り上げたい」というような理由は，あまり聞いたことがありません。

　つまり，子どもたちは団長や副団長という名前に憧れて，その仕事を希望
することが多いのです。そんな動機では，たとえ応援団員が多くいたとして
も，競技をしている仲間に励ましたい気持ちは届きません。応援をみんなで
する意味も弱くなります。そこで，団長と副団長に次のように話をします。

　「応援をするよさは何だと思いますか」と尋ねます。2人からは，「嬉しい
から」「頑張れるから」というような言葉が返ってくるでしょう。どんな言
葉も「そうだよね」と言って，肯定的な反応をします。

　その後，「あるスポーツ選手はね，こんなことを言っているよ」と言って，
スノーボーダーの角野友基氏の言葉「応援はプレッシャーじゃなく力とな
る」やバドミントン選手の桃田賢斗氏の言葉「応援が本当に自分のエネルギ
ーになる」などを紹介します。続けて，「応援された人は力やエネルギーを
もらったと感じるんだね。みんなの応援はどうかな？　応援をした相手から
『応援が力になった』『応援が本当のエネルギーになった』と言ってもらえそ
うかな？」と言葉をかけます。

　このような話をすることで，団員を引っ張っていく団長や副団長が応援す
るとはどういうことかに気づき，応援する姿勢や態度が変わるのです。徐々
に団員にも変化が表れます。

すべての子どもを巻き込む視点に気づかせる

団長や副団長の仕事には，次のようなものがあります。

---

(1)応援の言葉や動作を考え，団員や応援に参加する仲間に伝える。

(2)太鼓や旗を使用する場合は，担当者を決める。

(3)練習する方法，場所，時間を決める。

(4)団員の活動意欲を高めたり，団員の気持ちを1つにまとめたりする。

これらの仕事を団長や副団長へ任せる際，あることを2人に気づかせると，応援に参加する子どもたち全員の意欲をより高めることができます。あることとは，

応援に関する説明をするときは，1年生でもわかる言葉で伝えること

です。

応援団は，高学年の子どもで構成されることが多いので，団長，副団長，団員が，下級生のことまで気にかけられず，高学年にしかできない企画を考えた

り，高学年と同じような方法や言葉で低学年にも説明をしたりしてしまい，低学年は理解できず，やる気をなくしてしまうということがよくあります。

残念なことに，団長や副団長，団員の力だけでは，低学年の子どもたちがやる気を出せない理由に気づくことができません。そこで教師が，上記の視点を団長や副団長に教えるのです。1年生が応援団の活動に興味を示すようになれば，応援団の雰囲気が一気に変わります。

（猪飼　博子）

室内（教室 or 体育館）でできるリレー練習のアイデア

映像でバトンパスの仕方を確認する

　事前にバトンパスの仕方を動画におさめておきます。それを教室や体育館で，大型画面の TV やスクリーンなどに映し出して，パスの仕方を学びます。まずは，動きを視覚的に確認しておいてから，具体的な操作練習に入る方が子どもの理解は早いです。

その場でバトン渡しの練習をする

　各チームで，縦1列に並び，その場を動かずにバトンパスの練習を行います。一番後ろの人がバトンを持ち，前の人に渡していきます。最後まで渡ったら，向きを180度変えて，さきほど最終的にバトンを受け取った人から，バトンパスを行っていきます。

　「各チーム，○往復したら，一旦やめて集まります。そして，お互いにアドバイスしあいます」と指示を出して練習させます。

円形になってバトン渡しの練習をする

　全員が円になって，その場でのバトンパスを行います。これだと，永遠にパスを続けることができます。そして，教師は子どもたちの様子を見て，気づいたことをアドバイスします。

歩きながらバトン渡しの練習をする

　バトンパスの仕方が十分に理解され，スムーズな受け渡しができ始めたら，今度は，チームごとに1列に並んで，歩きながらのバトンパスを行います。

①バトンを跨いでいく方法

　1番後ろから先頭に向かってバトンパスを行っていきます。先頭はバトンをもらうと，すぐに床にバトンを置きます。後ろの人は，バトンを跨いで歩きます。1番最後の人がバトンを拾って，また，バトンパスを始めます。

　リレーの走順が決まっている場合に有効です。

②先頭へ移動する方法

　1番後ろから先頭に向かってバトンパスを行っていきます。バトンパスをした人は，どんどん先頭に移動します。この動きを繰り返しながら，バトンパスをしていきます。

　リレーの走順が未決定の場合，誰とでもうまくバトンパスが行えるようにしておくのに有効です。

③2本のバトンを使う方法

　1番後ろの人がバトンを2本持っておきます。1本を渡してしばらくしたら，2本目を渡します。先頭に2本のバトンが渡ったら終了です。距離が短く，一直線上で行う場合に有効です。

カーブの走り方を練習する

　体育館で行うときは，カーブの走り方も指導しておきます。トラックの内側に体を傾け，トラックの外側の腕は大きく振り，内側の腕は少し小さめに振ります。コーナーを抜けるところを見て走るようにします。

　体育館に小さなコーンを並べてカーブを2か所つくり，2チームに分かれて練習します。

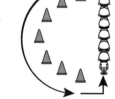
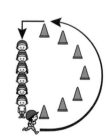

　　　　　　　（高本　英樹）

3 リレー練習のアイデア

バトンがなくてもできる
リレー練習のアイデア

玉入れの玉を使って練習する

　運動会の練習が混んでくると，バトンを他の学年が使っていて，練習ができないこともあるでしょう。

　そんなときは，バトン以外のものを使って練習することができます。例えばサランラップの芯や塩ビパイプのカットしたものをたくさん用意しておくと，こういったときに対応できます。

　しかし，そのような準備ができないこともあるでしょう。そのときは，玉入れの玉を，右上の写真のようにして使います。

　バトンと違って長さがない分，前走者が次走者にしっかり追いついてバトンパスを行う練習となります。また，次走者には，バトンをしっかり掴む練習になり，前走者には，しっかりバトンを押し込む練習になります。

タッチを使って練習する

　玉もない場合は，前走者が次走者の背中にタッチすることで，バトンパスとみなしてリレーを行いましょう。これも，次走者のリードの始まりを確認したり，前走者がしっかり次走者に追いついてからバトンパスを行ったりする練習になります。

「しっぽとり」をして練習する

　次走者がいかにスタートダッシュを勢いよく切ることができるかも，スピ

ードに乗ったバトンパスをする上では大切です。また，高学年になればなるほど，後ろを確認しながらリードをとる状態から，前を向いたままリードを行い，そのままでバトンを受け取ることができるようにします。

そこで，「しっぽとり」をして楽しく練習をさせます。

まずは，右の写真のように，次走者がお尻にしっぽ（スズランテープを40〜50cm ほどに切ったもの）を付けます。

これをつけて全速力で走ると，しっぽがたなびきます。次走者は前走者にしっぽを取られないようにリードします。バトンゾーンを超えるまでにしっぽをとられなければ次走者の勝ちです。逆に，しっぽを取られたら負けです。

「追いかけっこ」をして練習する

前走者のスピードも大切です。前走者が次走者を追い抜くことができるくらいのスピードでバトンパスを行わないと，次走者に追いつけず，バトンゾーン内でバトンが渡せないといったことになりかねません。そこで，2人で追いかけっこをして，練習をします。

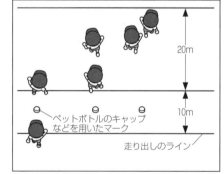

次走者は，前走者がマークのところまで来たら，全力で走り出します。そして，バトンゾーンを過ぎるまでに，前走者に追いつかれずに走りきることを目指します。前走者は，とにかく力いっぱい走り，バトンゾーンの終わりまでに次走者に追いつくように走ります。この「追いかけっこ」で，お互いのトップスピードを意識する練習をします。

（高本　英樹）

3 リレー練習のアイデア

全校代表リレーの指導の
ポイントと練習のアイデア

全校代表リレーとは

　全校代表リレーとは，各集団（色）の1～6年生から，男女1名ずつ代表を出し，その代表メンバーで勝敗を争うリレー競技です。走る順番は，きまりはありませんが，通常，次のような走順で走ります。

　1年女子→1年男子→2年女子→2年男子→3年女子→3年男子
→4年女子→4年男子→5年女子→5年男子→6年女子→6年男子

　1年女子が第1走者，6年男子がアンカーです。1～3年生が運動場の半周，4～6年生が1周を走るなど，走る距離に差をつけます。

　なお，地域によって，実施している学校と実施していない学校があります。

全校代表リレーの指導のポイント

①1年生のスタート

　全校代表リレーは一部の子どもしか参加しないので，あまり練習の時間が取れません。そのため，経験の少ない低学年への指導がポイントになります。

・低学年がリレーバトンを持って走ったり，受け渡しをしたりすること
・スタートの1年生が，第1コーナーでカーブに沿って走ること

　中学年や高学年は，リレーバトンを使った経験がありますが，多くの学校では，低学年はリングバトンを使用します。そのため，リレーバトンを持っ

て走ったり，その受け渡しを
したりするのは慣れていませ
ん。

　また，直線コースの折り返
しリレーしか経験がないので，
低学年の子に通常のリレーバ
トンを持つことや，カーブの
あるコースを走ることに慣れ
させることが必要です。

　特に，セパレートのコースが引いてあると，第1走者の1年生はストレー
トのラインに沿って真っ直ぐ走ってしまいがちです。

②低学年への配慮

　低学年には，6年生や教師が，次のように配慮をします。

> ・6年生が，低学年の子に，並んだり入場をしたりするときに一緒につ
> いて誘導する。
> ・教員が，コーナートップの補助をする。

　低学年に並び方や入場の仕方を覚えさせないといけません。周りに高学年
もいるので，入場時には6年生が1年生について誘導し，入場したら自分の
場所へ戻るなどすることで，スムーズに入場できます。

　また，折り返しリレーしか経験していない低学年に，コーナートップ制は
できないので，教員が補助をします。

　なお，バトンの受け渡しをする相手を覚えることは難しいので，チームの
色のハチマキやビブスをつけて，わかりやすくします。

【コラム】

「感動」と練習時間

　高学年の表現（ダンス）やリレー，組体操ともなると，見ごたえがあります。その出来栄えによっては，感動すら覚えます。しかし，

> その「感動」がくせ者です。

　その成功体験から，次年度も，「同じレベル」や「その上のレベル」を求めがちです。保護者から「今年も期待しています」と言われたり，管理職から「まだ練習が足りない！」と言われたりして，見えないプレッシャーを受けます。子どもは替わっているのにも関わらず，です。

　指導者の期待どおりに上達しなかったり，演技ができなかったりすると，子どものせいにしたり，他教科の授業時間を潰して練習を増やしたりしてしまいます。それでは，体育以外のカリキュラムが滞り，学期末になると最後の単元を駆け足でやり過ごしてしまう，ということになりかねません。

　教師が目指す子ども像をもち，子どもたちをさらに伸ばそうとするのは悪いことではありません。指導者の指導技術が向上することで，子どもの技能が高まるのならよいのです。が，そうではなく，〈感動〉を求めすぎると，必要以上に高い完成度を子どもたちに要求し，無理のある練習をせざるを得なくなります。それは教科の時数が偏るだけでなく，教師の暴言・体罰や子どものけがにつながることもあるのです。

　あくまでも，限られた時間で精いっぱいやって，それが前年度と比べて不十分であったとしても，胸を張って子どもたちを送り出しましょう。そのうえで〈感動〉できればそれに越したことはありません。しかし，〈感動〉ありきの運動会にはしてはいけないのです。

第**4**章

支援を
要する子への
支援・配慮

入場行進の支援・配慮

入場行進で育てたい力を共通理解する

行進といっても，特別な支援が必要な子どもは多様です。身体障害，情緒障害，知的障害，聴覚障害，視覚障害など，障害種によって行進の支援の仕方やポイントは当たり前ですが違います。

例えば，重度の身体障害をもっている子どもは，入場行進だけでも体力を非常に使います。熱中症の危険性や脱水症状など，こまめな配慮が必要になってきます。体調をよく観察して，どの程度なら行進が可能なのかを医療関係者や保護者と連携しながら決めておくことが求められます。そして，本人の気持ちも必ず確認して行います。命に関わる場合もあるので，職員間での共通理解も欠かせません。

もちろん，障害があっても支援を必要とせずに入場行進ができる子どももいます。集団での行進が難しいという子どもは，身体障害以外は極少数ですがいないわけではありません。身体的な問題ではなく，対人関係で困難を抱えている場合は人の目が気になるなどとても強いストレスになる子どもがいます。無理強いしないで，この子どもにとって入場行進で何を育てたいのかということを職員間で共通理解することが必要になります。

①支援は，本人に提案した上で決める

子どもが「入場行進は，他の保護者も見ているので支援を受けているところを見せるのは恥ずかしい」「特別な支援は，自分は必要ない」と考えるのは普通の感覚です。支援をするかどうかは，本人に提案し了解をとってからにしましょう。また，大人が先回りして手を貸し続けていると，手を貸して

もらうことが普通になります。大人の手があることを忘れ，自分はできると勘違いしてしまいます。それでは，自分は一人でどれぐらいできるのか全くわかりません。そのズレを後々修正するのはとても大変になります。

②子どもの状況によってスタート位置を変える

　自分でできると思うところから，やってみようとする気持ちを大事にします。支援の仕方は障害種によって様々ですが，人前で行進する場合は緊張感が大きくなります。例えば，前年度に支援員と手をつないで行進することができたのであれば，次は，手をどこで離すことができるのかということを考えます。そこで，何が安心感につながるのかを個々のケースで本人と話し合って決めることになります。子どもが自ら決定しながらレベルアップし，自分でできる行動を増やしていくことが大切です。自己決定は，自尊感情を高め自信につながります。

特別な支援が必要な子どもについては各係で事前に共有する

　身体的な障害があると，入場行進で歩くスピードが遅くなったり，途中から行進に加わったりすることが考えられます。また，知的な障害であれば，並び方がわからなくなったり立ち止まってしまったりする可能性もあります。そこで，各係で情報を共有し，子どもが本番でパニックなどになっても近くにいる教員で即対応する配慮を事前に打ち合わせておきます。

　障害に応じて，個々に違う対応場面での育てたい力，または支援の仕方のポイントの違いなどはすべて子ども理解から始まります。安易に昨年までと同じ対応にならないように気をつけましょう。

　本人が自分の力の伸びを信じ，チャレンジする姿を見せることで，保護者や周囲の子どもたちもその子の成長を感じ取ることができるでしょう。

（深山　智美）

準備運動・整理運動の支援・配慮

運動会での準備運動は，小学校は100％実施している

　学校行事での運動会の位置づけは，学習指導要領の特別活動に明記されています。また，特別な支援を必要とする子どもに関しては，特別支援学校小学部・中学部学習指導要領を参考にします。それには学校行事等の取扱いについては，小学校学習指導要領第6章及び中学校学習指導要領第5章（特別活動）に準ずるとしています。健常児も特別な支援を必要とする子どもも，法的には学習指導要領で同じ扱いということになります。

①準備運動・整理運動の目的は「けがの防止」

　「小学校における運動会に関する調査研究」[1]によれば，準備運動は小学校の運動会で100％実施されていることがわかります。その理由として，児童の「けがの防止」に対しての学校側の意識の高さであると本研究では指摘しています。もちろん，それは特別な支援を必要とする子どもにとっても同じです。準備運動は，健常児と同じく特別な支援を必要とする子どもも「けがの防止」が目的になります。

　30年前，新規採用で学校現場に入ってから最近まで，準備運動の指導というのはラジオ体操の指導が多く，体育の時間を使って指先やつま先まで細かく指導してきた覚えがあります。

　指導時間が長く，運動会本番で保護者に格好良く見せるための準備運動の練習になっていたと言えます。目的はいかに美しく整然と見せるかで，本来の「けがの防止」という目的とは違っていました。本来の目的からすれば特別な支援を必要とする児童は，その身体的機能のレベルにあった準備運動・

整理運動で十分であるということになります。

②付き添いなしで（危険がなければ）自分だけで体操をする

　特別な支援を必要とする子どもは，自分の体の部位を自分でうまくコントロールができない場合がよく見られます。体の動きをビデオで見ながら模倣することは，大まかにはできますが細かなところは難しいものです。教員や支援員が，実際に個別に手取り足取りしながら動きを教え，大体２～３週間で本人が覚えられるところまでできれば本番は自分ひとりでさせます。「けがの予防」目的なのですから，全員が一律同じでなくても問題はありません。

　中には，聴覚過敏で耳塞ぎをする子どももいます。そのような場合は状況に応じてイヤーマフなどを使う方法もありますが，使用するかどうかは本人の意思決定を尊重します。

周囲の児童が，その子どもの特性を理解すること

　特別な支援を必要とする子どもの一番の支援者は，実は周囲の子どもたちです。大人よりも気がつくのが早く，素早く動きます。周囲の子どもたちの理解があれば，準備運動や整理運動で隊形移動がうまくできないときは暗黙の了解で，周囲の子どもたちが移動場所を示しそっと促すような支援をするようになります。

　しかし，中には準備運動・整理運動の動きがおかしいと笑ったり陰口を言ったりする子どもがいます。それは，学級経営の問題となります。運動会の場面だけ指導しても，それではよくなりません。学校全体で特別な支援が必要な子どもを見守るような学校づくりが求められます。特別な支援を必要とする子どもが，安心して全校集団の中で練習できる環境をつくることが，どの子どもにとっても居心地がよい学校をつくることにつながります。

【参考文献】(1)赤田信一「静岡大学教育学部研究報告」（教科教育学篇）第45号（2014．3）静岡大学教育学部, p.201～213

（深山　智美）

話を聞くときの支援・配慮

話を聞く意識を育てるには，集団との関係をつくる

　開閉会式の流れは，細かく考えれば10項目ぐらいはあります。その中で主な「話を聞く」場面は，校長先生の話です。他の話を聞く場面は，比較的時間は短いです。子どもたちが話をしっかり聞くには，子どもに直接何度も言葉で指導してもそれほど効果はありません。私たち教員であっても，開閉会式の校長先生の話を聞いてから数日後まで覚えているでしょうか？　ほとんど覚えてはいません。また，子どもたちに運動会の思い出を作文に書かせてみると，良い姿勢で聞いている子どもでも開閉会式の校長先生の話を思い出として書いている子どもはいません。

　では，「話を聞く」とは何を意味するのでしょうか？　それは，児童が主体的に自分から「話を聞こう」とする意識をもち，開閉会式に臨んでいる姿です。つまり，主体的に運動会に参加している意識を子どもがもっていることを意味しています。

①価値づけを行う

　運動会は，色（集団）別で優勝を競うことが多いのでその色（集団）を使って価値づけを行っていきます。運動会練習で良かったことについてふり返りを自分たちでさせます。次回の結果や状態をもっと良くするにはどうしたらいいかという目標も立てます。そして，目標は掲示します。その中で，総練習や開閉会式などについても話し合わせます。そのときに，悪いことばかりに着目せず良い面に着目するような声かけが教師には必要です。

②子ども同士による支え合いにつなげる

　集団の一員として話し合いを重ねていく中で，個々の特性も徐々に理解されていきます。周囲の理解が，開閉会式で子ども同士による支え合いにつながっていきます。教師は，開閉会式で支援をするために子どもの傍に一緒にいることはできるだけしないようにしましょう。最初は支援をしても，徐々に本人に任せられるところは任せるようにするのです。

　開閉会式だけではなく，競技中でも集団行動のルール違反に関して周囲の子どもがお互いに注意できるようになってくれば，集団の質が向上しているということであり，個々の力も向上していきます。

学級づくりで子どもの成長を支える

　子ども同士が支え合う学級というのは，一朝一夕にはできません。ですから，教科学習や学校行事を通して日々思案しながら子どもたちと積み重ねていくことが必要です。それが，子ども集団の中で育ち合っているということになります。春の運動会では，学級づくりはまだ始まったばかりですが，運動会練習を通しても学級づくりはできます。秋の運動会では，子ども同士の関係性を深めて支え合いながらさらに良くすることができます。ポイントは，

> 子ども同士の小さな支え合いを見逃さない

ことです。教師の役割は，小さな支え合いを見つけて子どもたちに紹介することです。困っている人が困らない学級づくりは特別な支援が必要な子どもも困りません。誰もが困らないように子ども同士で支え合える学級づくりが，開閉会式で特別な支援が必要な子どもが話をよく聞こうとする意識を育てるポイントです。

（深山　智美）

2　競技上の支援・配慮

徒競走の支援・配慮

すべての子どもがハンデを欲するわけではない

　徒競走では，身体の一部が不自由な子や集団行動が苦手な子などに，支援や配慮を行うことがあります。ゴールまでに他の子たちと大差がつかないように，教師が何らかのハンデをつけるのです。

　しかし，

> 遅くなるからといって，すべての子どもや保護者がハンデを欲するわけではありません。

　リレーのようにチームの勝敗に関わってくると別ですが，得点種目とはいえ，個人の勝敗である徒競走ではハンデは必要ないという子どもや保護者もいます。それも個性の1つとして，他の子たちと同じように参加する子もいるのです。まず，本人や保護者の考えを聞くことから始めましょう。

　また，応援席で見ている子たちには，その子の努力を伝えながら，頑張って走ろうとするその姿を称賛するように事前指導をしておくとよいでしょう。同学年の子や高学年の子たちは，その子の様子を毎年見て知っているかもしれませんが，初めて運動会に参加する1年生には，特に事前指導をしておく必要があります。

徒競走の支援・配慮

①足が不自由な子

　選択肢は，「遅れてもいいので，皆と一緒にスタートする」「距離を少なめ

にして，差が大きくならないようにする」などがあります。ひとりで走る場合もあります。後者の場合は，どこからスタートするのかを本人や保護者と相談します。（担任が決めて，本人や保護者の承諾を得るというやり方もあります）

②耳が不自由な子

　出発係の合図（ピストル音）が聞こえない（聞こえにくい）場合，視覚による合図を出します。担任（または他の教師）が，出発係の合図と同時に，帽子やハンカチを振り，出発の合図を伝えます。その合図をスタート地点で出すのか，目立たないように少し離れた場所で出すのかは，子どもの性格にもよるのでよく相談しておきます。

③弱視の子

　弱視の子の場合，コースやゴールのライン（白線）が見えにくいことがあります。走るコースがよくわからないと，思い切り走ることができません。そのような子が走る前には，ラインを引き直したり，太めのラインを引いたりします。直線コースを走るときには，ゴールの方向にコーンを置いたり，教師が手を振ったりして目印にします。

④集団に入るのが不安な子

　クラスの中に入るのでさえ不安を覚える子は，大勢が集まる運動会はなおさら緊張と不安を感じることでしょう。本人や保護者が希望すれば，徒競走の待機場所に保護者と一緒に並んだり，場合によっては一緒に入場したりして，少しでも不安をなくすようにします。そのうえで，「やっぱり無理」だったとしても，参加しようとしたその意欲を認めましょう。

リレーの支援・配慮

納得できるハンデにする

　リレーは，チームとしての勝敗がかかるので，個人種目である徒競走以上に配慮が必要です。基本的に，どのチームも平均的な走力にしなければなりません。他の子と全く同じ条件だと，その子がいるチームが極端に遅くなってしまうという場合は，ある程度のハンデをつけることを本人や保護者に提案します。その際，いくつかの選択肢を用意して，本人や保護者と相談をするとよいでしょう。

　気をつけることは，そのハンデを

・本人が納得しているか
・保護者が納得しているか
・周りの子たちが納得しているか

ということです。

　教師はハンデが必要だと考えても，本人や保護者はいらないと考えるかもしれません。そのときは，各チームの走力にできるだけ差が開かないように，足の速い子をその子のチームに入れるなどの調整を教師の方で行う必要があります。

　また，ハンデやチームのメンバーを入れ替えるときには，各チームの子たちに説明をして，納得できるものにしなければなりません。

リレーの支援・配慮

①足が不自由な子

　体の一部が不自由な子の場合，その子を第一走者にして，スタート位置や走る距離を調整するなどのハンデが考えられます。リレーの場合，本人の走る距離を減らすことは，その前後の子の走る距離を増やすことになります。前後の子の負担が大きくなりすぎないように気をつけなければなりませんが，全体としてどのチームも同等の走力になるようにします。

②ハンデが適切か

　あまりにもハンデをつけすぎると，逆にその子がいるチームが有利になってしまうことがあります。そうなると，得点種目であるだけに，他のチームから不満が出てきます。子どもだけでなく，保護者からも不満（クレーム）が出ることもあります。実際に走らせてみないと，そのハンデが適切かどうかわかりません。何回か練習で走らせてみて，ハンデを調整していきます。たとえその子が勝敗の原因にはならなかったとしても，「ハンデの付け方が不公平だ」と言われると，その子や保護者にとってつらい思いをさせてしまいます。そのようなことがないように，できる限り，周りが納得できるようにハンデを付けるようにします。

③管理職や職員にハンデの内容を伝えておく

　あらかじめ，ハンデの内容を他の教師に伝えておきましょう。これは，他の教師からの不満を出さないためにも必要です。他の教師からハンデの内容について意見が出た場合は，取り入れられるものは取り入れますが，最後は子ども本人や保護者の気持ちがわかっている担任の意向を尊重すべきでしょう。その際，管理職の了解を取っておきます。参観する保護者から不満が出た場合は，全職員で共通理解のもとで行ったことだと，自信をもって答えましょう。

表現運動の支援・配慮

参加できなくても，役割を与える

　表現種目，つまりダンスは得点種目ではないので，多少うまく踊れなくても十分参加できます。ただし，障害の程度にもよるので，本人や保護者の意向を確認しておきましょう。

　身体的な障害等が理由でダンスに参加できない場合は，リズムに合わせて笛を吹いたり，移動のタイミングに合わせて合図を出したりするなど，

何らかの役割を与える

ことで，踊れなくても十分参加することができます。

　身体的な障害がなくても，踊りを模倣したりリズムに合わせて体を動かしたりすることが苦手な子がいます。そのような子に対して，咎めるような指導をしてはいけません。

本人への支援・配慮

①位置の配慮

　車いすなどの場合，立っている子たちより低くなるので，列の真ん中や後列にすると，本人から模範演技が見えないことがあります。そのようなときは，うまく踊れなくても，前方にした方がよいでしょう。ただし，保護者や本人が，目立たない方がよいと希望した場合は，後列にします。

②移動の配慮

　表現運動は，必ず移動があります。車いすの子であれば，介助者の教師や支援員がいるので大丈夫でしょう。足が不自由な子は，自分で立って表現運動はできても，移動はうまくできない子もいます。身体が不自由な子は，リズムに合わせて移動できなくてもよしとしましょう。移動場所がわからなくなる子には，教師が移動場所へ連れて行ったり，移動場所に印をつけておいたりします。

③個別指導

　他の子と同じテンポで動くことができない子や，弱視のために模範演技が見えない子，難聴のために音楽が聞こえない子などの場合は，個別指導を行う必要があります。早く上達した子をその子の模範演技係にして，ゆっくりしたペースで教えていきましょう。

保護者への支援・配慮

①曲名・振付資料等の情報提供

　保護者によっては，家庭で曲をかけたり，簡単に振付の復習をさせたりしたいと考えていることがあります。表現種目の曲が決まったら，保護者に曲名を教えたり，ダンスの振付の資料等を渡したりします。決めポーズの写真を提供すると，保護者にもわかりやすいでしょう。ただし，過度な練習は本人の負担になるので，やりすぎないように念を押しておきましょう。

②子どもの現状を伝える

　運動会当日になって，いきなり他の子と違う動きをしていると，保護者は不満をもつことがあります。練習に取り組んでいる子どもの様子を，定期的に保護者へ伝えます。他の子と同じように練習ができているのか，いないのかを知った上で，当日の踊りを見てもらいましょう。

応援席の支援・配慮

応援席を教師の「死角」にしない

応援席は，集団（色）によって場所が決まっています。しかし，何らかの理由で，応援席に座れない子や，違う場所の方がよい子がいます。座れたとしても，周りの子にちょっかいを出してトラブルを起こしてしまう子もいます。教師が係の仕事であちこちに動いてしまうと，応援席が死角になってしまいます。すると，そこで何が起こっているのかわかりません。

教師の人数にもよりますが，

> 必ず，応援席に教師や特別支援員などを配置する

ようにします。多くの学校で，低学年担任を中心に応援席で児童管理の係として配置しているのは，そのような意味があるでしょう。

また，常時，応援席に配置しておく教師とは別に，うろうろと立ち歩く子がいる場合には，その子に支援員をつけておきます。

子どもへの支援・配慮

①他の子へちょっかいを出す場合

　応援席で，周りの子を叩いたり，砂を投げたりとちょっかいを出す子がいます。そのちょっかいが，おとなしい子へ頻繁に行われるようになると，いじめに発展しかねません。応援席には児童管理の担当者がいると思いますが，そのような子には特別支援員など，その子を担当する職員をつけておく必要があります。

②身体的な障害がある場合

　身体的な障害がある場合は特に，関係職員がそばについておくようにします。障害が重度であったり，何らかの発作が起こるおそれがあったりする場合は，養護教諭がいる救護席の近くに席を設けます。（場合によっては救護席内に席を設け，AED（自動体外式除細動器）も用意しておきます）応援席からは離れますが，緊急時のことを考えると仕方ありません。高学年の場合は，救護係にすれば違和感もありません。

③集団の中に入るのが苦手な子の場合

　集団の中に入るのが苦手な子がいます。そのような子は，そもそも運動会に参加することも難しい場合があります。当日にならないと，参加できるかどうかわからないのです。

　目を離すのが心配な場合は，その子を担任の係にすれば，そばで様子を見ることができます。それも難しい場合は，保護者席で保護者と一緒にいて，自分の競技になったら待機場所に連れてきてもらう，ということにします。本人が嫌がったら，無理に列に並べようとしない方がよいでしょう。

応援合戦の支援・配慮

応援合戦に支援を要する子

　運動会には，プログラムの1つとして，各集団（色）で統一した振付や応援歌などを行う応援合戦があります。その応援合戦に参加できなかったり，参加できても支援を要したりする子がいます。支援を要する子には，様々なケースがありますが，おおよそ次のような場合が考えられます。

・聴覚過敏な子ども

・きまった振付や踊りが覚えられない子ども

・集団の中に入るのが苦手な子ども

　上記の子どもは，応援合戦が苦手なので支援を要する子なのですが，逆に，他の種目の参加が難しいけれど，応援合戦なら参加できるという子もいます。発達の特性や障害の状態により様々ですが，その子に合った参加の仕方ができるようにしましょう。

子どもへの支援・配慮

①聴覚過敏な子

　応援合戦は，大勢で大声を出したり，鳴り物（ドラム缶の太鼓やホイッスル等）を鳴らしたりして，大変騒がしい状態になります。運動場全体に聞こえるようにしたり，また盛り上げようとしたりするために大きな声や音を出すのですが，聴覚過敏な子にとっては，大変きつい状況です。両耳を手で押さえることもあるでしょう。そのような子がいる場合は，教師が事前にその

子がいる集団（色）の教師や子どもたちに話しておくことが必要です。耳を押さえてもよいことにしたり，隊列の一番後方（少し離れた場所でも）で応援をしてよいことにしたりしてもよいでしょう。

　もっとも，同じ聴覚過敏でも，太鼓や笛の音は大丈夫という子もいます。特性がそれぞれなので，その子の特性に応じた参加の仕方を考えましょう。

②振付や踊りを覚えられない子

　応援の振付や踊りは，応援リーダーでなければそれほど難しいものではありません。しかし，それでも覚えられなかったり，できなかったりする子はいます。学年の表現（ダンス）と違って，それほど完成度を求めるわけではないので，できなくても問題はありません。しかし，子どもたちの中で，そのことを咎める子が出ないように事前に各集団（色）の子どもたちに話しておきます。ただ，多くの場合，子どもたち同士でそれを咎めることはあまりありません。

③集団の中に入るのが苦手な子

　応援合戦も普段の練習の成果を披露するものではありますが，学年で出場する種目に比べると，大勢の中に埋もれて目立たないので，ぜひ参加させたいというものではないかもしれません。応援合戦の雰囲気や状況が苦手であれば，参加しなくてもよいでしょう。

　ただし，参加の有無を教師が確認していればよいのですが，子どもが参加していないことに教師が気づかないことがあります。学年の種目ほどきちんと並んだり順番が決まっていたりしているわけではないので，いなくてもわかりにくいのです。

　参加しない場合は，どこにいるのか，きちんと場所を決めておきましょう。

応援リーダーの支援・配慮

責任が生じる応援リーダー

　応援リーダー（応援団）のメンバーを決めるときには，通常学級で行うことが多いので，特別支援学級の子どもたちが入ることはまずありません。

　しかし，通常学級の子どもたちにも，支援が必要な子はいます。このような子たちが，応援リーダー（応援団）側になることがあります。本人が立候補する場合もあれば，友達に誘われる場合もあります。

　何にでも積極的に立候補しようとする子がいますが，ただ「やってみたい」だけでは務まりません。その集団の応援の内容（振付，掛け声，歌等）や練習を任されるので，責任が生じます。立候補するのはよいのですが，責任をもって取り組むことができる覚悟をもたせる必要があります。

　ここでは，次のような子たちへの支援・配慮について述べます。

・身体的な障害のある子

・言動が乱暴な子

・行動に時間がかかる子

　このような子たちが応援リーダーになった場合は，適切に支援を行う必要があります。ただ，あまり手をかけすぎると自主性が損なわれるので，注意が必要です。

応援リーダーの支援・配慮

①身体的な障害のある子

　身体的な不自由があっても，応援リーダーはできます。リーダーはひとりではなく，複数で行うので，それぞれ役割分担をすればよいのです。例えば，足が不自由でも，太鼓を叩いたり，笛を鳴らしたりと，移動しないですむ役割があります。本人ひとりで難しい場合は，教師が一緒に行います。障害によって，その子なりにできる役割を与えるのです。障害ではなくても，応援リーダーになった後に事故等で腕や足を骨折することもあります。そのような場合も，応援リーダーをやめさせるのではなく，何らかの役割を与えます。

②言動が乱暴な子

　友達に対して，言動が乱暴な子がいます。すぐに「ばか」「ぼけ」などの言葉が出たり，命令口調になったりするのです。応援リーダーとして下級生に話す場ではていねいに話しても，同学年同士で振付を考えたり，その日の反省をしたりするときにそのような暴言が出ると，応援団の士気が下がったり，リーダー同士でトラブルになったりします。立候補を募るときに，応援だけではなく，普段の生活でもリーダー（お手本）になるような言動をすることを念を押し，そのうえで，その都度指導をしていきます。

③行動に時間がかかる子

　このような子は，応援練習のときというよりも，その前の段階での支援が必要です。体操服に着替えてから練習に行くときに着替えに時間がかかってしまったり，給食後の練習に食べるのに時間がかかって遅くなってしまったりします。応援リーダーになるならないに関わらず，普段の行動に声かけをしたり，一緒に片付けをしたりして，時間に遅れないようにします。

運動会のけがのリスク

『体育的行事における事故防止事例集』（独立行政法人日本スポーツ振興セ
ンター）によると，平成27年度の体育的行事中の災害の発生件数は以下のよ
うになっています。（小学校，中学校，高等学校，高等専門学校を含む）

災害発生状況

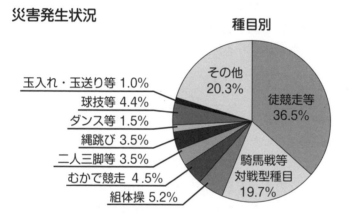

種目別

玉入れ・玉送り等 1.0%
球技等 4.4%
ダンス等 1.5%
縄跳び 3.5%
二人三脚等 3.5%
むかで競走 4.5%
組体操 5.2%

その他 20.3%
徒競走等 36.5%
騎馬戦等 対戦型種目 19.7%

独立行政法人日本スポーツ振興センター（学校安全 web）
『体育的行事における事故防止事例集』をもとに作成

　運動による事故を考えたとき，「万一のことがあったらどう責任を取るの
だ。危険な競技はやめるべきだ」という意見もあれば，「事故を怖がってい
たら何もできない。子どもの体力が低下する一方だ」という意見もあります。
　たしかに，危険だからすべてなくせばよいわけではありません。原因を分
析し，けがをしないような指導法や用具，練習の在りかたを開発していくこ
とが必要です。しかし，検討したうえで重大事故につながるリスクをなくせ
ないのなら，思い切ってなくしてもよいでしょう。昔から続けているからと
いって，その競技を何の疑いもなく続けるのではなく，安全で楽しい運動会
にするために先入観なく検討していくことが大切です。

第5章
運動会の危機管理

競技中のけがを防ぐ

けがが多いのは「徒競走等」

　平成27年度の体育的行事の中で，けがをする割合が高かったのは「徒競走等（リレーや障害物競走も含む）」でした。その割合は36.5％です。次いで，騎馬戦や組体操，むかで競走などになります。（126ページ参照）ここでは，それらの種目について，けがを未然に防止するポイントについて述べます。

競技中のけがを防ぐポイント

①徒競走等のけがを防ぐ

　徒競走で接触を防ぐためには，セパレートコースで行うことが基本です。しかし，学級対抗リレーなどは人数が多いため，オープンコースで行わざるを得ません。オープンコースで行うリレーでは「追い抜く」ときや，それに加えて「バトンを受け渡す」ときにも接触しやすくなります。それをできるだけ避けるために，次のようなルールがあります。

- コーナーでは，外側から追い抜くようにする。
- コーナートップ制で，バトンの受け渡し時に交錯しないようにする。
- バトンを渡した後は，速やかにトラックの内側に入る。

　コーナートップ制は，口頭で説明しただけではきちんと理解できない子どももいるので，イラストなどを使ってわかりやすく説明しましょう。

②騎馬戦のけがを防ぐ

　騎馬戦は，相手の帽子を奪うために腕を伸ばしたときに，手指が顔や目などに当たる危険があります。そこで，

> 相手の帽子ではなくハチマキを取る

というルールにします。そうすることで，相手の後ろに回るようになり，顔や目に手指が当たりにくくなります。

③むかで競走のけがを防ぐ

　むかで競走は，足を結んでいるため転びやすい種目ですが，転ぶ場面こそが「面白い」と感じられています。しかし，転んだ本人だけでなく，周りも引きずられて倒れてしまい，打撲や捻挫，骨折までする可能性があります。それは，足が固定されているからです。そのため，

> 足をむすぶ紐を伸縮性のある素材にする

ことで，けがの発生率を抑えることができます。

④組体操のけがを防ぐ

　組体操は，高さや人数などを増やすほど，けがのリスクも高くなります。また，本番だけ練習時とは違う教員が補助を行うと，補助すべきポイントを間違えてけがにつながることもあります。

> ・「高さ」「大人数」よりも「美しさ」や「揃った動き」を優先する
> ・組体操で補助をする職員は，練習も本番も同じ職員が行う

　指導者が「見栄え」や「より高いレベル」を求めすぎないようにします。

テント設営時のけがを防ぐ

テント設営の手順とポイント

　テント設営は大人が行うことが望ましいのですが，高学年の子どもたちに手伝ってもらうこともあります。テントは，次のような手順で設営します。

（1）倉庫から支柱や梁となる鉄骨を運び出す。
（2）種類と数が揃っているか確認しながら，地面の上に鉄骨を配置する。
（3）鉄骨を組む。
（4）屋根をかける。
（5）支柱を起こし，テントを立てる。
（6）筋交いをはめる。
（7）屋根についている紐を鉄骨に結びつける。

　安全にテントを設営するために，次のことに気をつけて作業をさせます。

・最初にテントを組み立てる手順を教える
・鉄骨の運搬は必ず２人組にする（可能なら子ども用の軍手をつける）
・テント設営は必ず教師が一緒に行う

　テントを設営するときは，安全管理の面からも，必ず教師が一緒について行うようにします。それでも，けがをすることはあります。そのような危険をできる限りなくすために，次のことに気をつけて行います。

テント設営時のけがを防ぐポイント

①テントの鉄骨を運ぶとき

　多くの場合，テントの鉄骨は同じ種類ごとに紐で括ってあるので，括られたまとまりごとに２人組で運び出します。１人で運んでいると，足の上に落としたり，方向を変えるときに周りにいる人に当てたりしてしまいます。必ず，２人で運ぶようにさせましょう。

　なお，鉄骨を足の上に落としたときのことを考えて，履物はサンダルのように足がむき出しになっているものではなく，運動靴を履くようにさせます。

②折りたたまれた鉄骨を伸ばすとき

　テントの支柱や梁の鉄骨は折り曲げて収納してあります。それを伸ばしたり，テントを立てたりするときに，曲がる部分をつかんでいると手指をはさんでしまいます。骨折などの重大事故につながりやすいので，要注意です。鉄骨を伸ばすときには，絶対に曲がる部分を持たないようにさせます。子ども用の軍手があれば，安全のために使わせましょう。

③筋交いをはめるとき

　筋交いをはめるときに，まだきちんとはまっていないのに，うっかり手を離してしまうことがあります。筋交いは１か所を留めてあるので，もう片方が下側に回転してきて，そばにいる他の子の頭に当たってしまう危険があります。筋交いをはめるときには，「カチッとはまるまで手を離さない」

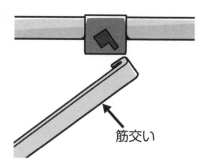

筋交い

「そばに人がいれば離れてもらう」などの注意が必要です。

　筋交いは高い位置にあるため，子どもでは届かないこともあるので，ここだけは大人が行うようにしてもよいでしょう。

熱中症を防ぐ

熱中症とは

熱中症とは，次のようなことです。

　体温を平熱に保つために汗をかき，体内の水分や塩分（ナトリウムなど）の減少や血液の流れが滞るなどして，体温が上昇して重要な臓器が高温にさらされたりすることにより発症する障害の総称

（『熱中症環境保健マニュアル 2018』環境省）

　熱失神，熱けいれん，熱疲労，熱射病などの種類があります。春の運動会が行われる5月頃でも，日差しが強かったり，気温が大変高くなったりすることがあります。そのような日に，もっとも気をつけなければならないのが熱中症です。死亡に至ることもあるので，けっして軽く見てはいけません。

「練習期間」の熱中症対策

①水分補給

　運動会の練習の前後には，必ず水分補給をさせましょう。2時間続けて練習をおこなう場合は，水筒を玄関付近に置いておき，休み時間に水分補給をさせます。気温や日差しの強さによっては，授業中でも小休止を取って水分補給をさせた方がよい場合もあるでしょう。最近は，練習期間（または夏の間），水筒にスポーツドリンクを入れてよい学校もあります。

②エアコン・日陰の活用

　競技の説明などは，エアコンの効いた室内や，日陰になる場所でするようにしましょう。競技で待機する場所も，日陰で待たせるようにして，できるだけ炎天下にいないですむ工夫をします。

「運動会当日」の熱中症対策

①子どもたちの熱中症対策

　運動会当日は，長時間，運動場にいることになります。当日の天候や気温にもよりますが，練習以上に熱中症に気をつけましょう。

- ・必ず給水タイムを取って水分補給をさせる。
- ・ハチマキは頭に直接巻かず，体操帽子の上に巻くようにさせる。
- ・テントや遮光ネット等で，待機場所をできるだけ日陰にする。

　給水タイム以外でも水分補給をしてよいのですが，他学年の競技や演技が終わったあとの移動時間に補給するようにさせます。

②保護者・地域の方々の熱中症対策

　子どもたちのみならず，保護者や地域の方々の熱中症対策についても考えておく必要があります。

- ・冷房を入れた教室を開放し，随時，休憩してよいことにする
- ・PTA競技の参加者を，長時間，炎天下で待機させたり，長く競技させたりしない
- ・給水タイムには，参観者も給水をするように放送を入れる

　最近はミストシャワーを設置している学校もありますが，予算が必要です。

突風・つむじ風の事故を防ぐ

突風・つむじ風とは

　毎年，運動会の時期になると，ニュース番組で突風やつむじ風のためにテントが空中に舞いあがる映像を見ることがあり，ぞっとします。

　気象庁のホームページでは，突風について次のように説明されています。

　突風には，竜巻，ダウンバースト，ガストフロント，そして晴れた日の日中などに地表付近で温められた空気が上昇することにより発生する「じん旋風」などがあります。

　じん旋風はつむじ風とも呼ばれ，竜巻に比べればかなり小さいですが，テントなどを巻き上げるには十分な風力があります。比較的風が弱く，晴れた日中に発生します。前兆となる現象がなく，予測は難しいのですが，その寿命は数十秒から数分程度です。時間的には短いのですが，テントなどが巻き上げられたら大けがにつながる場合もあります。

突風・つむじ風の対策

①重しをつける

　一般的には，テントに土嚢を結びつけて重しにします。準備のときに砂を入れて運ぶ手間はかかりますが，運動会が終わったら，砂を

出しておけばかさばらずに収納することができます。テント1棟には支柱が6本ありますから，それぞれに土嚢をつければかなりの重しになります。ただし，テントの数によっては多くの土嚢袋が必要になり，一つ一つに砂を入れて運ぶのは大変です。

　砂ではなく，金属製の重しや，水を入れて重しにするウォータータンクなどもあります。ウォータータンクは，テントの脚に組んだ後にじょうろやホースで水を入れればよいので，重いものを持ち運ぶ必要がありません。

②杭を打つ

　テントの脚のそばに杭を打ち，結びつけます。玄翁などを使って杭を打つのは教師が行いますが，数が多いとこれもかなりの重労働です。

③隣り合ったテントを結びつける

　隣り合ったテント同士で，支柱の骨組みを紐で結びつけます。これだけでは突風やつむじ風にはあまり意味がないので，土嚢や杭などと組み合わせるとよいでしょう。

④もし，突風やつむじ風が起こったら

　突風やつむじ風が起こったときは，次のようなことに気をつけます。

・屋外にいた場合，テントから離れ，可能なら校舎の中に避難する。
・飛ばされかかっているテントの支柱をつかんで抑えようとしない。
・屋内にいた場合，窓ガラスから離れ，机の下に入って頭を守る。

　子どもに話すときには，イメージしやすいようにテントが飛ばされる映像やイラストを提示するとわかりやすいでしょう。

心肺停止の対応と心構え

AEDの使用状況

　下図は，平成24～28年度の5年間に学校管理下におけるAED（自動体外式除細動器）の使用状況です。小学校では水泳や体育の時間，中学校では部活動時における使用が目立ちます。発生件数は少ないですが，運動会でも小・中ともに使用されています。

（「学校における心肺蘇生とAEDに関する調査報告書」平成30年・公益財団法人日本学校保健会）

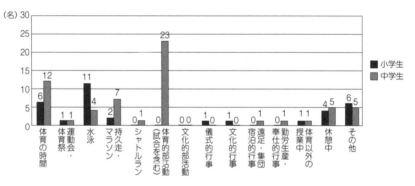

　心肺停止時には，1分でも早くAEDを使って心肺蘇生や除細動（電気ショック）を行うことで，生存率が高くなります。ほとんどの学校には，AEDが設置されていることでしょう。AEDは操作方法を音声でガイドしてくれるので，簡単に使用することができます。水泳指導の前には，消防署の方に講習を受ける機会があるかもしれません。しかし，運動会前にもAEDの設置場所や使い方をもう一度確認しておくことで，いざというときに人命を救うことができる可能性が高くなります。

心肺停止の対応のポイント

①心臓病等の子どもの確認をする

　心臓病等，心臓に負担をかけるのが好ましくない子どもがいないかどうかを確認しておきます。担任や養護教諭だけではなく，全職員が知っておき，その子の学年の競技が激しい場合は，内容の変更や本人の参加の可否を検討します。

② AED の設置場所の周知・確認

　AED の設置場所は，職員なら普段から知っているはずです。(念には念を入れて，再確認しておきます) 玄関付近や体育館に設置してあることが多いですが，運動会当日もその場所なのか，本部テント（養護席等）に移動しておくのかを周知させておきます。

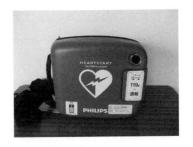

③事故が発生したらどうするか

　心肺停止の子ども（または大人）が発生した場合，誰がどのような動きをするのかを確認しておきます。学校の危機管理マニュアルにも記載されているかもしれませんが，大勢が集まる運動会という特殊な状況なので，それを踏まえた心構えが必要です。例えば，次のようなことです。

・AED を使う職員はだれか
・119番に通報する職員はだれか
・PTA に医療関係者がいないか

　もちろん，緊急の場合はマニュアル通りにはいきません。臨機応変に対応する心構えをしておきましょう。

光化学オキシダントの対応

光化学オキシダントとは

　運動会に向けての練習で一番困るのは，雨で運動場が使えないことです。ところが，天気が良すぎても困る場合があります。それが光化学オキシダントです。青森県庁のウェブサイトによると，光化学オキシダントとは，

> 工場から排出される煙や，自動車の排気ガスに含まれている窒素酸化物（NO_x）や炭化水素などが，太陽光線に含まれる紫外線を受けて光化学反応を起こし変化した，オゾン（O_3）を主成分とした有害な物質

です。人間の皮膚や粘膜に影響を及ぼし，目がチカチカしたり，のどに痛みを感じたりすることがあります。光化学スモッグとも呼ばれます。

光化学オキシダントが発生しやすい状況

　3月から8月頃にかけて，光化学オキシダント濃度が上昇します。光化学オキシダントが発生しやすい状況は，次のような日です。

> 日差しが強い　　　気温が高い　　　風がない（弱い）

　このような日には，光化学オキシダントを疑う必要があります。光化学オキシダントやPM2.5等を一覧することができるウェブサイトを学校のパソコンに登録しておくと，簡単に確認することができます。

学校の対応

　光化学オキシダントの濃度が高くなると，その濃度に応じて「注意報（0.12ppm）」「警報（0.24ppm）」「重大警報（0.40ppm）」などが発令されます。

　注意報が発令されたら，次のような行動を取ります。

・窓を閉め，屋外での体育や，昼休みの外遊びを避ける

・眼や喉に異常があったら，きれいな水でうがいや洗眼をする

・症状が改善しない場合は，医師の診察を受ける

　注意報が発令される濃度に近づいてきた時点で（0.1ppm など），自治体から学校に連絡をする市町もあります。そのような場合，対応は各学校に任されます。管理職と体育主任が相談し，対応の仕方を各担任へ連絡しましょう。

　運動会の数日前から，濃度が高かったり注意報が発令されたりしていたら要注意です。もし，

運動会当日に注意報以上の発令があると，運動会はできません。

　しかし，光化学オキシダントは目には見えないので，雨でもないのにいきなり延期や中止にすると，保護者から不満が出るおそれがあります。そのようなことがないように，運動会当日に濃度が高くなった場合の対応（最初から延期にするか，開催しても注意報が発令されたら途中で中止にするか）を学校のメールや文書等で保護者へ周知させておきます。

　なお，発令や解除の基準は，都道府県によって多少の違いがあります。ご自分の自治体のウェブサイト等で確認をしておきましょう。

不審者への備え

運動会における不審者とは

運動会における不審者とは，次のような人物です。

> 　保護者ではない（と思われる）のに，子どもたちの写真をたくさん撮っている人物

　運動会には不特定多数の参観者が，子どもたちにカメラを向けます。保護者が我が子に向かってカメラを向けるのは問題ありませんが，保護者ではない人物が会場に侵入し，無断で撮影をすることがあります。カメラに限らず，カメラ機能が付いているスマートフォンなどの場合もあります。様々な学年でやたらと撮影をしている見知らぬ人物には，注意を向ける必要があります。
　また，このような不審者もいます。

> 　誰もいない荷物の周りでうろうろしている人物

　我が子の競技に夢中になっている間に，荷物を置き引きされたり，すりの被害に遭ったりすることが考えられます。「いや，保護者は皆顔見知りで，そんな心配はしたこともない」という地域もありますが，「同級生の保護者の顔も知らない」という地域もあります。
　運動会前に地域から不審者情報が寄せられることもあります。
　これらのような心配がある場合には，次のような対策が考えられます。

不審者からの被害を防ぐポイント

①リボン

　授業参観のときの来校者には，首からかける名札を用意している学校もあります。しかし，運動会の場合は，兄弟姉妹や祖父母の分までの名札を用意することは難しいでしょう。そのような場合は，リボンが便利です。あらかじめ，申し込まれた人数分のリボンを配付し，運動会当日は必ず見えるところに付けてもらうようにします。

②PTAの見回り

　PTAが交替で，定期的に会場内を見回ります。不審な人を見かけたら，本人の名前や子どもの学年・組・名前を尋ねます。いきなり質問するのではなく，気軽にあいさつからするようにします。保護者なのに不審者と間違えてしまった，ということもあるかもしれません。

> 　リボンや見回りなどをする目的は，不審者を捕まえることではなく，あくまでも「未然防止」です。

　声をかけずに後々問題が発生するよりも，気軽に声をかけて未然に防止した方がよいはずです。そのような考え方を前もって周知しておき，協力を仰いでおくと，トラブルにならずに済みます。

③警察の巡回

　過去に被害があった場合などは，事前に警察に相談し，巡回してもらう方法もあります。校舎周りを巡回してもらうだけでも，抑止力になるでしょう。警察の巡回を保護者に予告しておけば，不審者だけではなく，学校周辺の違法駐車の抑止にもつながります。

【コラム】

ラインカーとラインの引き方

運動会や体力テストなど，体育主任になるとラインカーでラインを引く機会が多くなります。ラインカーには，2輪タイプと4輪タイプがあり，それぞれ特徴があります。

・2輪タイプ…曲線が引きやすい。小さくて扱いやすい。

・4輪タイプ…直線が引きやすい。ラインパウダーがたくさん入る。

ラインの引き方は，おおまかに分けると次の2通りの引き方があります。

〈ラインカーを押す方法〉

あらかじめ引いたメジャーに沿って，ラインカーを押しながらラインを引きます。メジャーの上に石灰が落ちないように，メジャーの横側にラインを引きます。

〈ラインカーを引く方法〉

体の横に片手でラインカーを持って引く方法です。メジャーがない場合は，目印にコーン等を置いて，それから視線を外さずに引いていきます。

風が強い日は，せっかく引いたラインパウダー（石灰）が飛ばされてしまいます。ラインを引くその後ろから，じょうろを持った補助員が水をかけていくと石灰が固まって風に飛ばされにくくなり，きれいなラインが残ります。

第 **6** 章

盛り上がる
オススメ種目集

【低学年】
こいのぼり走

　準備するものは，こいのぼり（走者数×３）とカード（走者数×３）です。こいのぼりは，寄付してもらうかビニール袋で手づくりもできます。大きいものや小さいものがあった方が面白いです。カードには，番号を書いておきます。こいのぼりもカードも３組ほどあると，競技の準備をする係としては余裕があるでしょう。

　「ヨーイドン」で，スタート。しばらく走って裏返しになったカードを引きます。カードには，「３」や「５」等の番号が書かれています。もうしばらく先にこいのぼりが置いてあります。引いたカードの番号と同じ番号が書かれたこいのぼりを持って走ります。

　ただそれだけの競技ですが，低学年が大きなこいのぼりを掲げて走る姿は何とも言えず可愛いです。スピードのある子が大きなこいのぼりで苦戦している一方，運動が苦手な子が小さなこいのぼりを持って楽に走る等，逆転現象も起きます。

（黒川　孝明）

【低学年】
積み上げ走

事前に準備するものがあります。

同じ大きさの段ボール箱が「3箱×1組の走者数」です。

例えば，走者が1組5人だとすると「3×5＝15」で，15個です。

その段ボール箱を3段重ねて，側面に絵を描きます。

絵は，5種類違うものを描きます。

もう1つ，準備するものがあります。段ボールに描かれた絵のカードです。例えば，「ペンギン」とか「キリン」などです。

競技の前には，段ボールはバラバラに置いておきます。

「ヨーイドン」で，スタート。裏返しになったカードを引きます。「ペンギン」のカードを引いたら，段ボール箱が置いてある場所へ行き「ペンギン」の段ボール箱を見つけ箱を3段に重ねます。「ペンギン」を完成させたら，ゴールまで走ります。

準備は大変ですが，一度つくると何年も使えます。

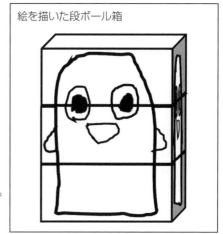

絵を描いた段ボール箱

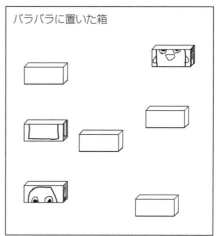

バラバラに置いた箱

（黒川　孝明）

【低学年】
玉入れにアレンジプラス

　玉入れは運動会の定番種目です。低学年種目として取り組んでいる学校も少なくありません。ルールが単純である，途中経過が視覚的にわかりやすい，勝敗を確実につけることができる，という良さがある玉入れですが，最近は少しアレンジが加わった玉入れを取り入れている学校もあります。

　1つ目は「ダンシング玉入れ」です。曲が流れると子どもたちが踊り，曲が止まったら（または歌詞がないところで）玉を入れ，また曲が流れると投げるのをやめて踊り始める，という玉入れです。ピストルや笛の音ではなく，曲が合図になっていることで，玉を投げてよいときダメなときの区別がしやすく，子どもたちも見ている人も楽しむことができるアレンジです。

　2つ目は「ムービング玉入れ」です。動くのは，玉入れに使う"かご"です。通常かごは高い位置で固定され，そのかごに向かって投げるのが定番です。そこに，かごが動くというアレンジを加えることで，子どもたちも飽きずに取り組むことができます。低学年の場合，かごを背負って逃げる人は子どもに背負わせるのではなく，相手チームの教師，または事前に他の学年の先生にお願いしておきます。中身が見えないかごを使うと，数えるときのわくわく感が増します。かごを背負っている人が移動してもよい範囲など，細かなルールは学校によって様々なので，学校事情や子どもたちの実態を考えてルールを設定しても面白いです。

（平井　百合絵）

【低学年】
おさるのかごや

　1本の棒を地面と平行に持ちながら数人で一緒に走る「台風の目」と少し似ている種目で，「おさるのかごや」という種目があります。簡潔に言うと，2人（または4人）で，"おさるのかごや"のようにボールを運び，その速さを競う種目です。

　使う道具は，ボールを乗せるための"駕籠"です。"駕籠"とは，人が座る部分を1本の棒で吊るし，前後にいる人がその棒を担いで人やものを運ぶための道具です。イラストのように棒を肩で担ぎかご部分を吊るすパターンと，担架を担ぐイメージで2本の棒に布を張り，その2本を担いで運ぶパターンがあります。

　この種目の面白さは主に次の2つです。1つは，子どもたちの実態に合わせてかごの部分を外枠のある段ボールにしたり外枠のない布1枚にしたりと，難易度を設定できるところです。もう1つは，2人（または4人）をどのように組むのか，前か後ろかどの位置で棒を持つのかなどを子どもたちに話し合わせながら取り組ませることができるところです。「誰が前（後ろ）にい

ると，ボールが落ちにくいかな」などを子どもたちに考えさせながら取り組ませると，低学年なりに慎重さや足の速さなどを考えながら練習に取り組む姿を見ることができます。

（平井　百合絵）

【中学年】
障害物競走

どの子もできる障害物を取り入れる

①使用する道具

> □バドミントンのラケット＆テニスボール　　□平均台
> □フラフープ＆ドッジボール　　□ネット
> □カラーコーン

②ルール

　紅白が，それぞれ2チームに分かれ，4チームで競います。障害物は，4カ所設置します。それぞれが，運動場のトラックの4分の1を走ります。

　1つ目の障害物は，バドミントンのラケットの上にテニスボールを乗せて走ります。ソフトテニスボールは強風が吹くと飛ばされやすいのでオススメできません。途中にカラーコーンを設置し，一回りさせます。

　2つ目の障害物は，平均台です。平均台の途中で，好きなポーズで5秒間静止します。平均台から落ちたら，やり直しをします。

　3つ目の障害物は，フラフープで縄跳びのように5回跳び，その後，フラフープの中にドッジボールを入れ，犬の散歩のように引きずって走ります。

　4つ目の障害物は，大きなネットを潜り抜けます。

　どの種目も簡単なのに，思うように走れないじれったさがある，というのがこの種目のおもしろさです。参観者もイラッとするでしょう。

（猪飼　博子）

148

【中学年】
ワープゾーンつき全員リレー

「ワープゾーン」の活用で，走ることが苦手な子も楽しめる

　一般的にリレーは，１チーム４人で行います。しかし，「全員リレー」は，名前の通り，全員（大人数）で行います。

　４コースできるように，紅白を２つに分けます。例えば，学級数が２つで，紅白を学級で分けている学校であれば，１チームが約20人程度になります。

　20人のリレーは，参観者が飽きるということであれば，２回戦できるように，チームを分けるといいでしょう。

　「全員リレー」では，走ることが苦手な子も楽しんで参加できるように，「ワープゾーン」を設定します。「ワープゾーン」とは，右の図のように近道のコースをつくることです。「ワープゾーン」の最初と最後に小さなカラーコーンを置くと参観者にもコースがわかりやすいです。

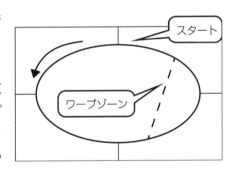

スタート

ワープゾーン

　「ワープゾーン」を走ることができる回数は，競技に参加する子どもの数に応じて設定します。２人くらいが１番盛り上がります。

　「ワープゾーン」を走る子どもには，赤白帽子をかぶらせ，他の子どもとの違いが分かるようにします。

　「ワープゾーンつき全員リレー」は，走ることが苦手な子どもほど，楽しむことができるオススメの競技です。

（猪飼　博子）

【中学年】
台風の目

走る！跳ぶ！しゃがむ！　息をそろえてバトンをパス！

【やり方】

(1)図1のように場を設定します。

(2)全員起立し，先頭は4〜6人で1本の長い棒（バトン）を持ちます。スタートの合図で駆け出して，コーンを1周回って帰ります。

(3)帰ってきたら，図2のように棒の両端を持つ2人が，待っている人たちの足元に棒を通します。待っている人たちはこれを跳んでかわします。さらに，一番後ろまで棒を通したら，後ろから前に向かって頭の上から棒を通します。待っている人たちは，これをしゃがんでかわします。

(4)待っている人の先頭に棒をバトンパスしたら，次のグループが出発します。終わった人は，列の一番後ろにつきます。

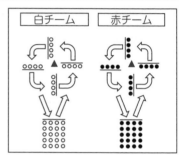

図1

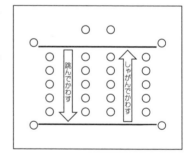

図2

(5)最初の人に棒が返り，全員が着席をしたらゴールです。

　待つ間にも，跳ぶ・しゃがむという動作が入るので休む間がなく白熱する競技です。また，遠心力を考えながら協力して棒を運んだり，息をそろえて跳んだり，しゃがんだりするなど，チームワークも高めることができる競技です。

（古橋　功嗣）

150

【中学年】
仲間をつくって棒取り合戦

思考フル回転のグループづくり団体競技！

【やり方】

(1)図1のように場を設定します。

(2)太鼓が1回鳴ったらスタートの合図です。スタートしたら，仲間づくりゾーンを自由に走り回ります。

(3)しばらく経ったら，教師が太鼓を3〜5回鳴らします。太鼓が鳴った数だけ同じ色の人を集めてグループをつくります。

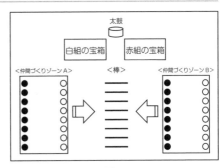

図1

(4)グループができたら手をつないで中央に置かれた棒（または縄）を取りに行きます。棒は先に触れたグループが獲得です。獲得した棒をそれぞれのチームの宝箱ゾーンに置きます。棒をより多く獲得したチームの勝利です。

(5)(2)〜(4)を3回行います。最後に，勝利数の多かったチームが優勝です。

※グループづくりには，「男女が入るように」や「違う学年の子が入るように」などの指示を事前に出しておくと，仲間づくりでの声のかけ合いがより活発になると考えます。棒を取り合う瞬間を公正に見る審判を設置するとよいでしょう。素早いグループづくりがカギとなる競技です。声をかけ合ってグループづくりをしたり，取りに行く棒をグループで相談したり，同じチームの仲間と協力する場面が多い点に特徴があり，チームワークを高められる競技です。

（古橋　功嗣）

【高学年】
ドリブル競争

　短距離走といえば，100m競争をイメージします。

　そこにちょっと変化を加えます。ボールを使ったドリブルでの短距離走を行います。

---

(1)ドリブルしながら走る。

(2)走る組によって，サッカーボールを使ったドリブルの組とバスケットボールを使ったドリブルの組に分ける。

(3)学校や子どもの実態に応じて，距離は50mから80m程度にする。100mだと，能力の差が大きくなりやすい。

　子どもたちの中には，サッカーやバスケットなどのスポーツ少年団に入っている子どももいます。そんな子どもたちの活躍の舞台にもなります。

（広山　隆行）

【高学年】
運命のじゃんけんぽん！

　トラックの半分を使います。途中，じゃんけんをして，勝ち・負け・あいこによって，残りの走る距離が変わります。

(1)トラックのカーブに差しかかる場所でじゃんけんをする。
　　じゃんけんをしてもらう人の数は走る人数と同じ人数にする。
(2)じゃんけんに勝ったら短いコースを，あいこだったら普通のコースを，
　　負けたら長いコースを走ってゴールまで走る。
(3)目印として，勝ち・あいこ・負けが走るためのコーンをおいておく。

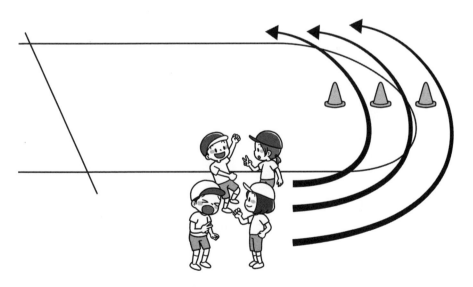

（広山　隆行）

【高学年】
全力玉入れ「逃走中」

　トラック内をランドセルを背負った「逃走者」が逃げ回ります。

　逃走者を玉を持った「ハンター」が追いかけ，背中のランドセルに玉を入れていきます。

　最後に入れられた玉を合計し，少なかったチームの勝ちとなります。

【ルール】

(1)それぞれのチームのうち，5人（全体の人数に応じて増減可）を逃走者とする。

(2)逃走者は，ふたを開いた状態のランドセル（かごや段ボールでつくったものでも可）を背負う。

(3)逃走者は真ん中のラインに一列に並ぶ。最初

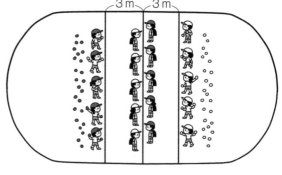

スタートから10秒間はこの位置
↓
その後，フィールド内を逃げまわり，
追いかける。（30秒）

の10秒間は動いてはいけない。ハンターは3m先のラインから逃走者のランドセルをねらって玉を投げる。

(4)10秒後，ピストルの合図とともに逃走者は逃げ回る。ハンターは逃げ回る逃走者のランドセルに玉を入れる。30秒程度で終了。

(5)それぞれのランドセルの玉を合計し，勝敗を決定する。

　2回戦以降は逃走者を交代する（様々な子が逃走者を経験できるようにする）。

（西田　智行）

【高学年】
ドキドキ大玉リレー

　定番の大玉送りをリレー形式で行います。

【ルール】

(1)赤白それぞれ3人1組で大玉を転がす。

(2)折り返し地点（赤白それぞれの団長が立っている）で回って帰ってくる。

(3)次の組に大玉を渡す。

　このような，単純なルールですが，赤と白の大玉が途中でクロスするので，かなり面白くなります。大玉がぶつかって，予想もしない方向に転がっていくことがあるからです。（大玉がぶつかった際に転倒の危険があるので，膝やひじにサポーターをつけ，けがの防止をしましょう。）

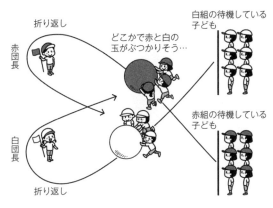

　3人組のチームワーク，そして練習次第で勝敗は大きく左右されます。3人のうちの誰かが先に走ってブレーキ役となる，方向を決めるかじ取り役になるなど工夫ができるからです。上手になるとかなり速く大玉を転がせるようになります。

　折り返し地点にコーンを置くのではなく，団長が立つのもポイントです。折り返しのために転がってきた大玉が団長に衝突したときにはおおげさにリアクションさせます。競技が盛り上がります。

（西田　智行）

あ と が き

　昨年，『掃除指導完ペキマニュアル』『給食指導完ペキマニュアル』を発刊しました。その際，日本全国の学校で同じように行われていると考えられていた掃除や給食が，地域によって違いがあることがわかりました。

　本書のテーマである運動会も，学校行事でありながら，地域によって様々な違いがあります。今回，日本各地の教師に執筆を依頼しましたが，「その種目はやったことがない」という声や，同じ名称でもその定義が多少違っていたりしていることもありました。

　そのような違いはありながらも，できるだけ共通する部分を取り上げ，運動会の指導を行う体育主任や学級担任にとって，「これだけは」というものを揃えました。

　運動会の指導は，多岐に渡ります。

　運動会だからといって，体育的な技能面に関する内容ばかりではありません。協力，団結，感謝，思いやり，責任感，リーダー性…このような，道徳や特別活動を含めた総合的な学級づくりの指導力が必要になります。

　支援を要する子がいれば，どのように参加させるのか，他の子どもたちや教師はどのように関わるのか，その子一人ひとりに応じた支援の在り方を考える必要があります。

　どちらも，「まえがき」に書いたように，教科書がありません。初任者や若手の教師は，先輩教師から教えてもらったり，その姿から学んだりしてきました。しかし中には，教員の大量退職に伴って，教えてくれる先輩教師がいない環境で，体育主任をしたり運動会の指導をしたりしなければならない教師もいます。

　運動会の指導の準備や心構えがないままに練習期間に入ると，その場しのぎの指導になってしまい，先々を見通しながら子どもを育てる指導をするこ

とができません。運動会の前に本書に目を通しておくことで，その〈見通し〉をもつことができます。

　また，これも「まえがき」に書いたように，本書では運動会に関わる危機管理的な内容についても触れています。

　熱中症など，運動会の時期になると必ず話題となるものから，滅多に起こることはないだろうと思われるものまでを取り上げています。

　今の時代，子どもの安全について最低限の知識を身に付けておくことは，教師として必須です。問題が起こってからではなく，どのような危険があるのかを予測し，どのような対策を立てたり対応をしたりするのか，という心構えをしておくことが必要です。心構えがあるのとないのとでは，いざというときの対応に差が出ます。

　本書は，以上のように様々な角度から運動会の指導の在り方を網羅した書となりました。本書を参考に，子どもたちが安全に，運動が苦手な子でも体が不自由な子でも楽しむことができ，様々な面で成長することのできる運動会が行われることを願います。

　最後に，本書の企画に賛同し，執筆していただいた先生方，ありがとうございました。

辻川　和彦

【執筆者紹介】（執筆順）

辻川　和彦	長崎県川棚町立川棚小学校
平井百合絵	愛知県豊川市立音羽中学校
古橋　功嗣	愛知県刈谷市立東刈谷小学校
笹原　信二	熊本県熊本市立龍田小学校
西田　智行	山口県下関市立滝部小学校
波戸内勝彦	佐賀県唐津市立北波多小学校
高本　英樹	岡山県公立小学校
猪飼　博子	愛知県あま市立甚目寺小学校
広山　隆行	島根県松江市立大庭小学校
庄司　仁美	熊本県熊本市立託麻南小学校
深山　智美	長崎県諫早市立北諫早小学校
黒川　孝明	熊本県熊本市立託麻南小学校

【編著者紹介】

辻川　和彦（つじかわ　かずひこ）

1968年長崎県生まれ。1995年から教職に就く。現在，長崎県内の小学校に勤務。「佐世保教育サークル」に所属。「道徳のチカラ」の機関誌『道徳のチカラ』編集長。

〈編著〉『現場発！失敗しないいじめ対応の基礎・基本』（日本標準）『掃除指導　完ペキマニュアル』『給食指導　完ペキマニュアル』（明治図書）

本文イラスト　松田　美沙子

運動会指導　完ペキマニュアル

2020年2月初版第1刷刊　©編著者　辻　川　和　彦
　　　　　　　　　発行者　藤　原　光　政
　　　　　　　　　発行所　明治図書出版株式会社
　　　　　　　　　　　　http://www.meijitosho.co.jp
　　　　　　　　（企画）茅野　現（校正）宮森由紀子
　　　　　〒114-0023　東京都北区滝野川7-46-1
　　　　　振替00160-5-151318　電話03(5907)6701
　　　　　　　　　　　ご注文窓口　電話03(5907)6668
＊検印省略　　　　　組版所中　央　美　版

Printed in Japan　　　　ISBN978-4-18-284015-9
もれなくクーポンがもらえる！読者アンケートはこちらから